もっと本格的に 人を占う！
究極のタロット 新版

吉田ルナ　監修

※本書は 2011 年発行の『もっと本格的に人を占う！ 究極のタロット』の新版です。

＊ はじめに ＊

　タロットカードの「タロット」（Tarot）という言葉の起源には諸説あり、はっきりと分かっていません。古代エジプト語の Ta に「王」、ro に「道」という意味があり、王道を示すという考えや、エジプト神話のトート神（Thoth）から派生したという説、ラテン語の rota（車輪）から派生したという意見などがあります。この車輪は、タロットの中に「運命の輪」として登場します。また、ユダヤ教の律法の書「トーラー（Torah）」の綴りが崩れたもの、という考えもあります。

　タロットカードは遊戯用として広まりましたが、その陰で神秘思想家によって古代からの知恵が秘められていました。グノーシス主義や神秘思想の影響を受け、錬金術、魔術、西洋占星術、エジプト神話、ギリシャ神話、ユダヤ教カバラ、キリスト教、東洋哲学、心理学など、さまざまな思想が反映され、種々の要素を含んでいます。

　本書で解説しているカードは、ライダー・ウェイト版というタロットで、アーサー・エドワード・ウェイト氏により監修され、パメラ・コールマン・スミス女氏により描かれました。1910 年にイギリスのライダー社から発売されたので、ライダー版タロットとも呼ばれています。

　ライダー・ウェイト版は、世界で最も普及しているタロットカードで、古代からの叡智や奥義がこの中に込められている神聖なタロット。占う時にインスピレーションが湧きやすいように、小アルカナの数札にもすべてイラストが描かれており、初心者が占ってもひらめきがもたらされるように作られている素晴らしいカードです。

　この本は、古代からの知恵を現在の私たちがどのように活用するかをまとめた実用書です。監修者である私・吉田ルナはタロット占いを教えていますが、「タロット解説本を読んでもなかなか実践ができない」という声を耳にします。その声に応えるために、占いを行うための準備やクライアントとの関わり方、リーティング＆プレゼンテーションの仕方など、私のセッションで行われる実際のテクニックもまとめました。タロット占いの実践家としての活動にお役立ていただければ幸いです。

さまざまな美しいタロットカード

＊ この本の使い方 ＊

　この本の前半、第Ⅰ章〜Ⅲ章は、相談者が悩みを打ち明けるところから始まり、最適なスプレッドを選択し、結果をリーディングするまでを取り上げています。取り上げる事例はひとつの相談を追う形で連動していますので、章をまたいで読み進むこともできます。第Ⅳ章では実占でのコツを紹介し、第Ⅴ〜Ⅵ章ではカードそれぞれの特徴と読み解き方を紹介しています。第Ⅶ章はさらに腕を磨く応用編です。

相談者との対話を、スムーズに進めるコツが分かる。

第Ⅰ章　相談者の悩みを見出す対話のコツ 10

相談内容に対応する、最適なスプレッドの選び方が分かる。

第Ⅱ章　課題別スプレッド選択のコツ 10

展開したスプレッドの、読み取り方と伝え方が分かる。

第Ⅲ章　スプレッド別リーディングのコツ 10

実占レベルを上げる、さまざまな方法が分かる。

第Ⅳ章　成功する占いのコツ 10

大アルカナ 22 枚の、それぞれの読み解き方のコツが分かる。

第Ⅴ章　大アルカナで 問題の運命を読み解くコツ

小アルカナ 56 枚の、それぞれの読み解き方のコツが分かる。

第Ⅵ章　小アルカナで 問題の詳細を読み解くコツ

代表的なスプレッド以外の応用編でさらに実力がアップする。

第Ⅶ章　楽しく実践レベルがアップする 究極の占い 10

もっと本格的に 人を占う! 究極のタロット 新版

はじめに …………………………………………………………2
この本の使い方 …………………………………………………3

第Ⅰ章　タロットは相談段階から始まっている
相談者の悩みを見出す対話のコツ10 …………8

- POINT 1　恋占いは トキメキを高めるトークで ……………10
- POINT 2　恋愛相談は ガールズトークで受けよう ……………11
- POINT 3　三角関係は 決着を意識できる方向に ……………12
- POINT 4　相談者と占いの対象者が違う時は対象者と本人の関係を知る …13
- POINT 5　込み入った相談には シンプルな占いで応えよう ……………14
- POINT 6　やる気を引き出すには ピンチをチャンスに変えよう ……………15
- POINT 7　仕事運を高めるには 成功イメージを作ろう ……………16
- POINT 8　全体運を占う時は 夢や希望を確認しよう ……………17
- POINT 9　落ち込みのひどい相談者には 癒しを意識しよう ……………18
- POINT 10　詳細な内容の占いは 相談者のこだわりを引き出そう ……………19

第Ⅱ章　この目的ならこのスプレッド!
課題別スプレッド選択のコツ10 …………20

- POINT 11　潜在する才能を探るには「クロススプレッド」……………22
- POINT 12　二人の関係を知るには「ヘキサグラムスプレッド」……………23
- POINT 13　選択に迷ったら「二者択一のスプレッド」……………24
- POINT 14　第三者を占うオススメは「セブンスプレッド」……………25
- POINT 15　運命の流れをつかむには「スリーカードスプレッド」……………26
- POINT 16　自分を知り、ステップアップする「シンプルクロススプレッド」……………27
- POINT 17　願望実現には「ケルト十字スプレッド」……………28
- POINT 18　全体運を占うなら「プラネタリースプレッド」……………29
- POINT 19　現状を相対的に知るには「ホロスコープスプレッド」……………30
- POINT 20　詳細な事柄を占いたい時には「オプショナルスプレッド」……………31

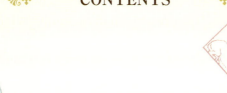

CONTENTS

第Ⅲ章 占いは相談者との共同作業
スプレッド別リーディングのコツ10 …32

POINT 21 「クロススプレッド」は心が作り出す運勢を読み取る …34
POINT 22 「ヘキサグラムスプレッド」は時間軸の中で二人の関係を読む 36
POINT 23 「二者択一のスプレッド」は運勢の流れを感じて ………38
POINT 24 「セブンスプレッド」は原因と結果から運命を知る ……40
POINT 25 「スリーカードスプレッド」は時間にとらわれない読み方を 42
POINT 26 「シンプルクロススプレッド」はポジティブな啓示をもたらそう …44
POINT 27 「ケルト十字スプレッド」は願望実現の心の地図を読み解く 46
POINT 28 「プラネタリースプレッド」は可能性を高める読み方をしよう 48
POINT 29 「ホロスコープスプレッド」は関連性を持たせて読もう 50
POINT 30 「オプショナルスプレッド」は具体的に吉凶を読む ……52

第Ⅳ章 こうすれば実占でうまくいく
成功する占いのコツ10 ……………………54

POINT 31 タロット占いの成功は「魂入れ」から始まる …………56
POINT 32 開運する占いをするには 占いの場をパワースポットに ……57
POINT 33 意識の高め方で 的中率が上がる ……………………58
POINT 34 カードシャッフルは心を無にして神聖な場を作る…………59
POINT 35 カードカットで心を一つに重ねる ……………………60
POINT 36 魅せる レイアウト術 ……………………………61
POINT 37 カードの逆位置を 上手に読むコツ …………………62
POINT 38 浄化と結界で 邪悪なエネルギーを防ぐ ………………63
POINT 39 クロス選びは 場面に合わせる ……………………64
POINT 40 カードに力をもたらす 保管方法と扱い方 ………………65

CONTENTS

第Ⅴ章　大アルカナで問題の運命を読み解くコツ ……66

POINT 41　「0 愚者」は 無限の可能性　………………………68
POINT 42　「Ⅰ 魔術師」は 創造性　…………………………69
POINT 43　「Ⅱ 女司祭長」は 神秘　…………………………70
POINT 44　「Ⅲ 女帝」は 母なる大地　………………………71
POINT 45　「Ⅳ 皇帝」は 偉大なる父　………………………72
POINT 46　「Ⅴ 法王」は 神聖な教師　………………………73
POINT 47　「Ⅵ 恋人たち」は 選択　…………………………74
POINT 48　「Ⅶ 戦車」は 前進　………………………………75
POINT 49　「Ⅷ 力」は 精神力　………………………………76
POINT 50　「Ⅸ 隠者」は 探究心　……………………………77
POINT 51　「Ⅹ 運命の輪」は 運命的なタイミング　………78
POINT 52　「Ⅺ 正義」は モラル　……………………………79
POINT 53　「Ⅻ 吊られた男」は 試練　………………………80
POINT 54　「ⅩⅢ 死神」は 終末　……………………………81
POINT 55　「ⅩⅣ 節制」は 節度正しく　……………………82
POINT 56　「ⅩⅤ 悪魔」は 欲望　……………………………83
POINT 57　「ⅩⅥ 塔」は 崩壊　………………………………84
POINT 58　「ⅩⅦ 星」は 希望の光　…………………………85
POINT 59　「ⅩⅧ 月」は 迷い　………………………………86
POINT 60　「ⅩⅨ 太陽」は 成功　……………………………87
POINT 61　「ⅩⅩ 審判」は 最終判断　………………………88
POINT 62　「ⅩⅪ 世界」は 完成　……………………………89

第Ⅵ章　小アルカナで問題の詳細を読み解くコツ ……90

POINT 63　「キング」は 成熟した権威者　……………………92
POINT 64　「クィーン」は 受動的な女性性　…………………93
POINT 65　「ナイト」は 活動的な男性性　……………………94
POINT 66　「ペイジ」は 従順な子ども　………………………95
POINT 67　「杖（ワンド）」は 生命活動のエネルギー　……96
POINT 68　「聖杯（カップ）」は 受容性　……………………98
POINT 69　「剣（ソード）」は 社会性　………………………100
POINT 70　「金貨（ペンタクルス）」は 顕現されたもの　……102

CONTENTS

第Ⅶ章　楽しく実践レベルがアップする究極の占い10 …104

POINT 71　深層心理を知る「究極の自分占い」 …………………106
POINT 72　相談前に相手の質問を読む「究極のオラクル占い」 ……108
POINT 73　過去からのメッセージを知る「究極の前世占い」 ………110
POINT 74　徹底的に占う「究極のホロスコープスプレッド」 ………112
POINT 75　クリエイティブに占う「究極の創作スプレッド」 ………114
POINT 76　もっと深く読み解く「究極のコンビネーションリーディング」……116
POINT 77　誕生日の数字が示す霊性「究極の魂のステージ占い」 …118
POINT 78　タロットの秘儀を知る「究極の生命の木スプレッド」 ……120
POINT 79　癒しが必要な人へ「究極のアートセラピー」 ……………122
POINT 80　タリズマン（護符）として使う「究極のおまじない」 ……124

心を癒すアートセラピーのすすめ …………………………126
監修者　吉田 ルナ からのメッセージ …………………127

用語説明

・**正位置（アップライト）**…めくったカードが占者から見て、上下そのままに配置されている状態。

・**逆位置（リバース）**…めくったカードが占者から見て、上下逆に配置されている状態。

・**スプレッド**…タロットカードを展開すること。またはレイアウト法を意味する。

・**カバラ**…「受け取る」という意味。ユダヤ教の奥義で、現代オカルティズムの礎になる思想の一つ。

・**聖別**……神聖なものとして、日常生活と区別すること。

・**「大アルカナ」**…タロットカード78枚の中で、0〜21番までの番号が振られた22枚の絵札。

・**「小アルカナ」**…大アルカナ以外の56枚で構成される（ウェイト版では絵付き）カード。

・**「スート」**…小アルカナを構成する4つのグループ（杖・聖杯・剣・金貨）のこと。

・**「数札」**…小アルカナの各スートごとに、1（Ace）〜10までの番号が振られた40枚の札。

・**「コートカード」**…小アルカナの中で、数札以外の16枚で構成される、人物（宮廷）札。

・**トランス状態（変性意識状態）**…起きている状態から眠りに着く前の、ぼーっとした意識状態。リラックスしている時や興奮している状態の時に起こりやすい。

・**チューニング**…声の調子やしゃべり方、姿勢や態度、呼吸のペースなど、占者が相談者に合わせること。時に、視線の使い方や瞬きなどを合わせることも。

第 I 章

タロットは相談段階から始まっている

相談者の悩みを見出す
対話のコツ10

POINT 1　恋占いは トキメキを高めるトークで …………………10

POINT 2　恋愛相談は ガールズトークで受けよう ………………11

POINT 3　三角関係は 決着を意識できる方向に ……………………12

POINT 4　相談者と占いの対象者が違う時は 対象者と本人の関係を知る …13

POINT 5　込み入った相談には シンプルな占いで応えよう …………14

POINT 6　やる気を引き出すには ピンチをチャンスに変えよう ………15

POINT 7　仕事運を高めるには 成功イメージを作ろう ……………16

POINT 8　全体運を占う時は 夢や希望を確認しよう ………………17

POINT 9　落ち込みのひどい相談者には 癒しを意識しよう …………18

POINT 10　詳細な内容の占いは 相談者のこだわりを引き出そう ………19

悩んでいる人は、何をどうしていいか、何が不安なのか分からなかったり、恥ずかしかったり、人に知られたくない悩みごとだったりするかもしれません。

　相手に対しての思いやりと配慮を持ち、相手の心に寄り添いながら話を聞きましょう。話を聞くだけで悩みが解消される場合もあります。

　あとは、タロットを使って未来に新しい希望が持てるように占目を明確にして占います。占目カウンセリングは、良い占いをするための最初の鍵となるのです。

＜タロット占いの進め方のコツ＞

← 時間配分の目安 15〜30 分 →

前半（45%）	中間（5%）	後半（50%）
・挨拶（スマイル＆アイコンタクト） ・傾聴（相談者に共感する） ・占目の宣言（神と相談者に対して占目を明確に）		・リーディング 　（占いの結果と対策、開運アドバイス） ・クロージング（エールを送ろう）

・カードシャッフル＆レイアウト
（美しく神聖なタロットに）

❈ この章で分かるコツ ❈

★相談の内容に応じた対話のコツが分かる。
★相談者の心をつかむカウンセリングのコツが分かる。
★相談者が納得する占目の導き方が分かる。

POINT 1
恋占いは
トキメキを高めるトークで

恋愛占いは、占いの中でももっとも相談が多い内容です。可能性やチャンスを占う場合、相手と会話しつつ、これから起こる**明るい未来に期待をかけ、一緒に楽しみながら**相談に乗りましょう。

相談者

> 恋愛運を見てください。いい出会いはありますか？
> （秋絵さん／22歳 販売員）

と、言われたら…

理想の相手を聞く
これから、秋絵さんの恋愛運を占いますね。秋絵さんはどんな相手が理想の人ですか？ ルックス重視？ 結婚は何歳ぐらいにしたい？

魅力に気付いてもらう
前の彼と別れてから、新しい恋に進む勇気が出ないんですね。でも、秋絵さんのおとなしくて優しい感じに、男性は癒されそう。

一緒に出会いを期待
28歳くらいで結婚するとしたら、今は楽しくデートができる人がいいね。年が近くて、共通の話題があって、趣味の合う人がいいよね。

Check①
相談の早い段階で理想の恋のイメージを聞くことで、楽しいセッションができます。

Check②
本人が短所と思っているところも、相手から見れば、チャームポイントになります。

Check③
新しい恋を楽しめるような、気持ちを高める会話を意識しよう。

ワンモアアドバイス
自分の恋を占うような気持ちで取り組みましょう。そうすると親近感が高まり、相談者の恋愛の成功を心から応援し、祝福できるでしょう。

この相談の続きは P22(POINT11)、P34(POINT21)→

第Ⅰ章　相談者の悩みを見出す対話のコツ10

POINT 2
恋愛相談は
ガールズトークで受けよう

恋の悩みを抱えている女性の場合、**友達のように親身になって聞いてあげる**ことが、占いの成功につながります。相談者と一緒に悩み、一緒に解決しようとする姿勢を相手に伝えるようにしましょう。

相談者：結婚できればと思っていたんですが、最近彼氏とうまくいっていないんです。（春子さん／34歳 独身）

と、言われたら…

ほめる
こんにちは。まあ素敵なアクセサリー！赤色は好きですか？とても似合っていますね。赤色は今年のラッキーカラーなんですよ。

Check①
女性としての魅力的なところをほめてあげて、まずは自信を取り戻してもらおう！

共感する
そうか…メール、すぐに返って来ないんだ。1ヶ月も会えないなんて寂しいよね。彼がどう思っているのか、何を考えているのか知りたいよね。

Check②
相談者が自分の気持ちを表現した言葉と同じ言葉を使いながら、気持ちを代弁しよう。

前向きな占目に
じゃあ、彼が春子さんの事をどう思っているのか、二人が結婚するために、春子さんがどうすればいいのか、タロットに聞いてみますね。

Check③
相談者のポジティブな未来や、今後の行動の指針が描けるような占目にしましょう。

ワンモアアドバイス　ため口までいくと失礼なので、少しお姉さん的な包容力を感じさせる口調で話しましょう。占いを超えて、一人の女性としての助言も有効です。

第Ⅰ章　相談者の悩みを見出す対話のコツ10

この相談の続きは P23(POINT12)、P36(POINT22)→

POINT 3
三角関係は決着を意識できる方向に

三角関係の恋愛を長く引きずることは、三者ともに、その人の持っている恋愛運自体を下げてしまいます。先行きの見えない不透明な恋には、時には決着をつける勇気を持たせることも大切です。

今付き合っている彼氏の他に、好きな人ができて悩んでいます。（夏美さん／26歳 独身）

相談者

と、言われたら…

状況の確認
夏美さんにとって、どちらの人との未来が幸せなのかを占っていきますね。では まず、彼氏（Aさん）との付き合いはどんな感じ？

Check①
現在の相手との関係を把握し、建設的な未来があるのかを確認しておきましょう。

人物像の確認
Aさんとは三年続いていてちょっとマンネリなのね。じゃあ好きな人（Bさん）とは今はどんな関わり方してるの？ 夏美さんはBさんのことをどう思ってる？

Check②
相談者の言葉から、関係する相手の人物像について、イメージすることが大事です。

望む未来を確認
今の状態が続いてもしんどいでしょ？ 夏美さん自身はこれからどうしたいと思ってる？ 本当は、どんな恋愛や結婚を望んでいるのかな？

Check③
相談者が三角関係に決着をつける勇気が持てるよう、理想的な未来を方向づけよう。

ワンモアアドバイス 女性は恋愛に翻弄されがち。人生において本当の幸せは何かを意識してもらうようにアドバイスしましょう。第三の可能性も見えてくるかも。

この相談の続きは P24(POINT13)、P38(POINT23)→

第1章 相談者の悩みを見出す対話のコツ10

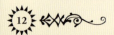

POINT 4

相談者と占いの対象者が違う時は
対象者と本人の関係を知る

本人以外の人について占いを希望される時は、相談者がなぜその人のことを気にかけているのかに配慮しましょう。占いを当てることも大切ですが、**相談者の気持ちに寄り添うことが大切**です。

息子の結婚運を、占ってください。
（冬美さん／54歳 主婦）

と、言われたら…

関係の確認
31歳のサラリーマンの息子さんがいらっしゃるのですね。一緒にお住まいですか？息子さんとの関係は良好ですか？

占う対象者について
仕事に真面目な人だけど口下手で、今まであまり女性とのお付き合いがなかったんですね。でも最近は、彼女ができたみたいということですね。

相談者の思いを確認
早く結婚の話が決まって、自立してもらいたいんですね。だけど、一人息子が家を離れるのが寂しい気持ちもするのですね。分かります。

Check①
二人の続柄や立場について確認し、現在の関わり方や気持ちを理解しよう。

Check②
相談者の目から見た対象者についての情報です。情報を客観的にとらえましょう。

Check③
対象者にどうあって欲しいと望んでいるのか？ 相談者自身の思いを把握しよう。

第Ⅰ章　相談者の悩みを見出す対話のコツ10

ワンモアアドバイス
相談者と占う対象者が違う場合、相談者との関係性がはっきりしていて、相談者が直接関わることのできる人のみを占いましょう。

この相談の続きは P25(POINT14)、P40(POINT24)→

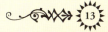

POINT 5 込み入った相談には
シンプルな占いで応えよう

悩みが多岐にわたる時や複雑に込み入った相談は、問題や課題が多すぎて何から解決すればいいか分からないもの。**具体的なアドバイスが難しい時には、運勢の流れをつかむ占い**をするのもいいでしょう。

相談者：子どもが小さいけれど仕事をしようかと。夫の仕事が不安定で、支払いが苦しくて。（愛さん／31歳 主婦）

と、言われたら…

現状を察する
仕事をするのもいいけど、お子さんも小さいし、心配もありますよね。でも、今の収入では、毎月の支払いが大変なんですよね。

Check①
話したくないこともあります。配慮を持って、相談者が答えやすい言葉がけをしよう。

占目を明確に
愛さんが一番気になること、占いたいことは具体的には何ですか？ご自身の就職のこと？ご主人の仕事のこと？もしくは経済的な問題ですか？

Check②
心の中で、悩みが連鎖的に繋がっている場合もあります。一つひとつを切り分けよう。

親身なアドバイスを
金運アップには、お仕事をするのもひとつですが、まずは支出を見直してみましょう。ご実家へ相談することもオススメします。では、金運を占いますね。

Check③
カードからのメッセージ以外にも、相談者のためになるアドバイスをしよう。

ワンモアアドバイス　話の長い相談者には、積極的に占目を明確にしよう。難しいことでも相談者が問題を克服する力があることを信じて、占いを進めましょう。

この相談の続きは P26(POINT15)、P42(POINT25)→

第1章　相談者の悩みを見出す対話のコツ10

やる気を引き出すには
ピンチをチャンスに変えよう

仕事のストレスで、働く意欲が下がる時もあります。時には失敗をして自信をなくしてしまうことも。不安はどこから来ているのか？ 相談者の立場、状況を理解して、**客観的視点で相談者の気付いていない可能性を見出そう。**

相談者

私、今の仕事、向いているんでしょうか？
（郁恵さん／29歳 看護師）

と、言われたら…

不安を理解する
看護師ってなりたくてなる職業でしょ？女性でも自立できて、憧れの職業よね。どうして今、そんなことを聞くの？ 何か嫌なことがあったの？

理想的な状態は？
郁恵さんは、患者さんにもっとよい治療と看護を受けてもらいたいんですね。他の人も看護師としての意識を高く持ってもらいたいんですね。

見方を変える
失敗はチャンス。いい仕事をするきっかけです。体験から学んだことがあるでしょう？技術だけじゃなく、後輩に教えてあげられることがあると思うよ。

Check①
悩みを抱え込むと、シリアスになって、孤立しがち。思いやりを持って相談内容を聞こう。

Check②
理想的な状態を、本人の声で表現してもらうことで、前向きな心理状態に誘導します。

Check③
落ち込んでいる時は考え方が偏狭になっています。見方を変えるアドバイスをしよう。

第Ⅰ章 相談者の悩みを見出す対話のコツ10

ワンモアアドバイス
人は使命や役割を認識した時、困難を克服する強い意志を持つことができます。その武器となる才能や能力に気付いてもらおう。

この相談の続きは P27(POINT16)、P44(POINT26)→

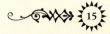

POINT 7 仕事運を高めるには
成功イメージを作ろう

目標達成は誰しも望むけれど、大きな仕事を成功させるには、リスクを乗り越え、挑戦する勇気と継続する情熱が必要です。仕事運を占う前に、相談者の意欲を高め、成功イメージを確立して、成功への道を明確にしよう。

相談者: 今、取り組んでいるプロジェクトはうまく進みますか？　（恵理さん／41歳 自営業）

と、言われたら…

第Ⅰ章　相談者の悩みを見出す対話のコツ10

成功を明確化しよう
10年余りやってきたお仕事で、今が大きなビジネスチャンスなんですね。恵理さんが取り組んでいるプロジェクトが成功すると、どうなるのですか？

Check① 成功すると、どういう状態になるのか、今とどう違うか、具体的に聞いて答えてもらおう。

成功した後の未来は？
今のプロジェクトが成功したら、その後の仕事は、どんな風に発展すると思いますか？新しくチャレンジしたいことはありますか？

Check② 成功をゴールにするより、さらなる発展のプロセスと見なすことで、可能性が膨らみます。

取り組むことを明確に
人生の大きな夢や理想に向かって進んでいくのって、本当に素敵ですよね。では、そのために、今できる具体的なことはなんですか？

Check③ 成功を明確にした後、現状と具体的な取り組みを確認。今、できることにフォーカスします。

ワンモアアドバイス: 成功のためには冷静な分析力も必要です。課題の確認や客観的な視点、さまざまな角度でメリット、デメリットを見つめ直しましょう。

この相談の続きは P28(POINT17)、P46(POINT27)→

全体運を占う時は
夢や希望を確認しよう

全体運を占う時は、相談者の年齢と家族構成、職業などの社会的立場や現状を把握すること。そして、相談者が、今、何に興味があるのか、どんな夢を持っているのか、何についての運勢が特に知りたいのか確認しよう。

相談者：今年はどんな年になりますか？ 今年の運勢を教えてください。（梨沙さん／19歳 学生）

と、言われたら…

気になる事柄を確認
今日は、今年の運勢を占いますね。梨沙さんは将来の夢とかある？ 今年、やりたいことがあったら教えてね。そこを中心に占うからね。

現状を確認
梨沙さんは学生ですよね？ 学校生活は充実していますか？ 今、実家から通っているの？ 彼氏や好きな人はいますか？

占目を宣言する
では、今頑張っている音楽活動がうまくいって、素敵な出会いと楽しい恋愛ができますように、願いを込めて、今年の全体運を占いますね。

Check①
どんなことに興味があるのか？ 気になる事柄を焦点として、話を進めていきます。

Check②
現在の状況を聞くことで、質問者に合ったアドバイスができるようになります。

Check③
占目を宣言することは、相談者への確認と、神に対して占いを行うことの宣言になります。

第Ⅰ章 相談者の悩みを見出す対話のコツ10

ワンモアアドバイス：大きな悩みのない相談者は、占いが好きで、占いに夢や娯楽性を求めています。楽しいトークや、神秘的な場作りを心がけましょう。

この相談の続きは P29(POINT18)、P48(POINT28)→

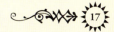

POINT 9
落ち込みのひどい相談者には
癒しを意識しよう

一人で悩んでいると、余計にふさぎ込んでしまいます。孤独な気持ちでいると問題を解決するきっかけも少なくなります。**具体的なアドバイスよりも、今の気持ちを受け止めて、話を聞いてあげることが大切です。**

相談者：なんだか毎日つまんなくて、何もやる気がしないんです。（幸子さん／45歳 会社勤務）

と、言われたら…

今の状態を受容
何もやる気がしないんですね。毎日の生活やお仕事は大丈夫？ 普通にできてる？ つまらないと感じ出したのはいつくらいからですか？

Check①
相談者を萎縮させないよう、柔らかい表情と優しい声で話し、相談者のペースに同調しよう。

感謝し、肯定する
半年以上ずっとやる気がでないのは辛いよね。でも、今日は相談してくれてありがとう。ちょっとでも幸子さんの力になれるように、占います。

Check②
相談者の表情、声、雰囲気を観察しながら、存在そのものを受け入れ、愛を持って関わろう。

回復する糸口を探す
半年前くらいに、何か落ち込むようなことはなかった？ もし、思い出せることがあったら教えてね。話したくなかったら言わなくてもいいですよ。

Check③
相談者が自ら心を開いてくれることが大切です。無理に聞き出したりしないこと。

第Ⅰ章 相談者の悩みを見出す対話のコツ10

ワンモアアドバイス
相談者が消極的でも、相手のペースに同調しリードします。どうしたらいいか分からない質問も答えはカードに現れると信じて占いを進めましょう。

この相談の続きは P30(POINT19)、P50(POINT29)→

詳細な内容の占いは
相談者のこだわりを引き出そう

基本的なことは決まっているけど、具体的なことや詳細について迷いがある。小さなことだからこそ、占いで答えを出そうと思う人も多いでしょう。些細なことに思えても、**相談者のこだわりや期待に応える占い**をしよう。

> 夫とヨーロッパ旅行を計画しているのですが、どの国をメインにすればいいですか？　（小雪さん／57歳主婦）

と、言われたら…

占う内容を聞く
旅行占いですね。ご夫婦で旅行って素敵ですね。ヨーロッパは、行かれたことがあるのですか？　ある程度希望のプランは決まっていますか？

Check①
詳細なことを占う前に、基本的な内容や目的を知ることで、適切なアドバイスができます。

心情を理解しよう
旅行プランを立てるのも楽しいですよね。ご夫婦で海外旅行は2回目なんですね。いいですね。今回の旅行はどんな旅行にしたいですか？

Check②
どんな思いを持っているのか？　希望や思いを理解することで、深い占いができます。

詳細な占目を確認
では、安全で快適な旅をするには、イタリアメインか、フランスメインか、スペインメインか、それとも他の国がいいか、占っていきます。

Check③
具体的な事柄を聞いて、様々な可能性を示唆しながら、詳細な占目を立てていきます。

第Ⅰ章　相談者の悩みを見出す対話のコツ10

ワンモアアドバイス　丁寧に相談に乗ることは大切ですが、すべてを細かく占う必要はありません。相談者を占いに依存させ、可能性を制限する恐れがあるからです。

この相談の続きは P31(POINT20)、P52(POINT30)→

第Ⅱ章

この目的ならこのスプレッド！

課題別
スプレッド選択のコツ10

POINT 11	潜在する才能を探るには「クロススプレッド」	22
POINT 12	二人の関係を知るには「ヘキサグラムスプレッド」	23
POINT 13	選択に迷ったら「二者択一のスプレッド」	24
POINT 14	第三者を占うオススメは「セブンスプレッド」	25
POINT 15	運命の流れをつかむには「スリーカードスプレッド」	26
POINT 16	自分を知り、ステップアップする「シンプルクロススプレッド」	27
POINT 17	願望実現には「ケルト十字スプレッド」	28
POINT 18	全体運を占うなら「プラネタリースプレッド」	29
POINT 19	現状を相対的に知るには「ホロスコープスプレッド」	30
POINT 20	詳細な事柄を占いたい時には「オプショナルスプレッド」	31

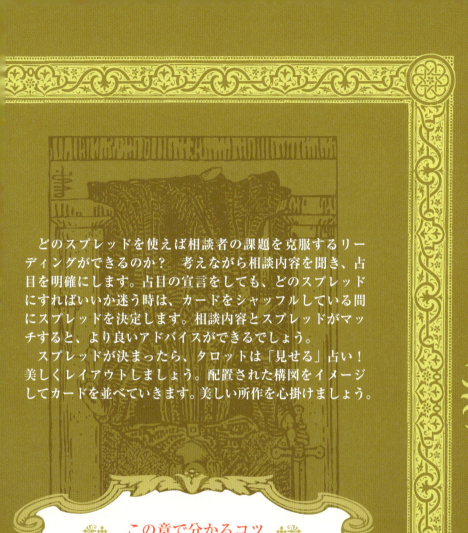

　どのスプレッドを使えば相談者の課題を克服するリーディングができるのか？　考えながら相談内容を聞き、占目を明確にします。占目の宣言をしても、どのスプレッドにすればいいか迷う時は、カードをシャッフルしている間にスプレッドを決定します。相談内容とスプレッドがマッチすると、より良いアドバイスができるでしょう。

　スプレッドが決まったら、タロットは「見せる」占い！美しくレイアウトしましょう。配置された構図をイメージしてカードを並べていきます。美しい所作を心掛けましょう。

この章で分かるコツ

★占目に最適のスプレッドを選択するコツが分かる。
★それぞれのスプレッドに隠された特徴が分かる。
★10スプレッドで多くの相談に応じるコツが分かる。

POINT 11

潜在する才能を探るには「クロススプレッド」

運勢の流れを占うにあたり、心理的な影響があると思った時にオススメのスプレッドです。顕在意識と潜在意識から心理状態を読み、**相談者を止めているのは何か、進ませる力は何かを知ることができます。**

クロススプレッドはこれだ！

② 顕在意識
④ 過去　① 現在　⑤ 未来
③ 潜在意識

Check①
②は、願望や夢などのポジティブな思いのほか、恐れや不安などのネガティブな感情も表します。

Check②
③は、潜在する要素のほか、現在の環境や状況、相談者のバックグラウンドを表します。

第Ⅱ章　課題別スプレッド選択のコツ10

ワンモアアドバイス　運勢の流れ④①⑤を、心の船②③がいかに進むかを示しています。心のエネルギーが強ければ、どんな運命も乗り越えていけます。

この相談の続きは P34(POINT21)→

22

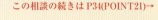

二人の関係を知るには
「ヘキサグラムスプレッド」

人間関係を占う場合は、このスプレッドをオススメします。恋人やパートナーなど、一対一の関係を占う時にはイチオシ！ 六芒星形に並んだカードの中心に、二人の縁を示すカードが現れます。

ヘキサグラムスプレッドはこれだ！

① 過去
② 現在
③ 未来
④ 障害対策
⑤ 相手の気持ち
⑥ 自分の気持ち
⑦ 最終結果

Check①
⑤「相手の気持ち」を「周囲の気持ち」とすることで、対人関係全般を占うこともできます。

Check②
①②③で時間軸の中での関係性を見ます。⑤⑥で二人の気持ちを、④のカードでバランスを見ます。

第Ⅱ章 課題別スプレッド選択のコツ10

ワンモアアドバイス
△（正三角）と▽（逆三角）が交わるヘキサグラムは、叡智の象徴。六芒星形をイメージし、神聖な叡智とのつながりを意識しましょう。

この相談の続きはP36(POINT22)→

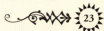

POINT 13
選択に迷ったら「二者択一のスプレッド」

悩みごとを突き詰めていくと、答えは「するか？ しないか？」の選択で決まるものが多いようです。そんな相談ケースにはまさに、**それぞれの選択肢ごとの未来が比較できる**、このスプレッドが活躍します。

二者択一のスプレッドはこれだ！

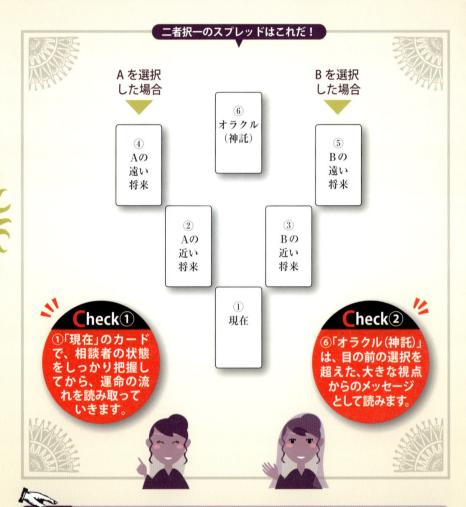

Aを選択した場合　　Bを選択した場合

④ Aの遠い将来　⑥ オラクル（神託）　⑤ Bの遠い将来
② Aの近い将来　　　　　　　　　　　③ Bの近い将来
　　　　　　　　　① 現在

Check①
①「現在」のカードで、相談者の状態をしっかり把握してから、運命の流れを読み取っていきます。

Check②
⑥「オラクル（神託）」は、目の前の選択を超えた、大きな視点からのメッセージとして読みます。

第Ⅱ章　課題別スプレッド選択のコツ10

ワンモアアドバイス　三者択一にアレンジも可能です。その際は、Cを選択した場合の「近い将来」「遠い将来」の場所を追加し、全ての最後に「オラクル」を置きます。

この相談の続きは P38(POINT23)→

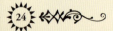

第三者を占うオススメは
「セブンスプレッド」

運勢の流れをつかみ、よい結果を得るための、障害と対策を占うことができます。神のエネルギーが働く数、「7」のエネルギーを使うスプレッドです。象徴カードを置く第三者占いをする時にオススメです。

セブンスプレッドはこれだ！

- ⓪ 象徴カード
- ① 原因
- ② 現在
- ③ 近い未来
- ④ 環境
- ⑤ 本心
- ⑥ 障害・対策
- ⑦ 結果

Check① ⓪は、占いの対象者を示すカードです。対象者の個性を考えて、基本的にはコートカードから選びます。

Check② 占いを始める前に⓪の象徴を選び、オープンしてレイアウト。残りのカードをシャッフルし、占います。

ワンモアアドバイス ①「原因」から⑦「結果」へ、因果の法則に基づいて読み取ることができます。望む結果を出すために、⑥「障害・対策」をしっかり読むことが大切。

この相談の続きは P40(POINT24)→

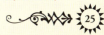

POINT 15

運命の流れをつかむには
「スリーカードスプレッド」

細密な占いをするより、大きな運勢の流れを見る方が、現状が見えてくることも。3枚のカードでリーディングすることで、インスピレーションが働きます。大アルカナのみを使うことで、霊的なメッセージを得ることもできます。

スリーカードスプレッドはこれだ！

① 過去　② 現在　③ 未来

Check①
スリーステップで、いろいろな時間スケールを設定しましょう。たとえば、①「昨日」②「今日」③「明日」など。

Check②
特に時間設定をしないで展開した場合は、1ヶ月〜3ヶ月くらい未来の運勢を示します。

第Ⅱ章　課題別スプレッド選択のコツ10

ワンモアアドバイス　初心者にとっては、タロット占いに慣れるのによいスプレッドです。上級者にとっては、直感力を高めるのによいでしょう。

この相談の続きは P42(POINT25)→

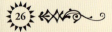

自分を知り、ステップアップする
「シンプルクロススプレッド」

啓示を得たいときに最適なスプレッドです。相談者にとって、今必要なメッセージと、さらに直面する課題と可能性を啓示します。シンプルな中に、心に響くメッセージを与えてくれます。

シンプルクロススプレッドはこれだ！

① 現状
② 課題と援助

Check①
①は、現在の心境や相談者の状態、あるいは相談者の持つ可能性を示しています。

Check②
②は本来、すでに私たちが持っている「才能」です。いかにしてそれを引き出すかを示しています。

第Ⅱ章 課題別スプレッド選択のコツ10

ワンモアアドバイス
このスプレッドに時間軸はありません。未知のことを占うのにいいでしょう。体験から何を学ぶのか、気付きをもたらすでしょう。

この相談の続きは P44(POINT26)→

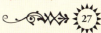

POINT 17 願望実現には「ケルト十字スプレッド」

相談者の心理的な動きをリーディングしながら、現在置かれている立場や状況、周囲からの影響など、外的な要素も示すスプレッドです。夢や目標に向かって、どのようにすればいいかを明確にします。

ケルト十字スプレッドはこれだ！

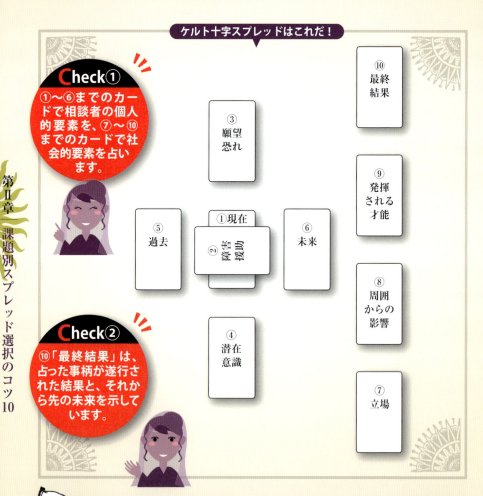

Check① ①〜⑥までのカードで相談者の個人的要素を、⑦〜⑩までのカードで社会的要素を占います。

Check② ⑩「最終結果」は、占った事柄が遂行された結果と、それから先の未来を示しています。

配置：
- ① 現在
- ② 障害・援助
- ③ 願望・恐れ
- ④ 潜在意識
- ⑤ 過去
- ⑥ 未来
- ⑦ 立場
- ⑧ 周囲からの影響
- ⑨ 発揮される才能
- ⑩ 最終結果

第Ⅱ章 課題別スプレッド選択のコツ10

ワンモアアドバイス ①「現在」と⑩「最終結果」の間に②「障害・援助」がある。ポイントはこの3つのポジション。このスプレッドが難しい人は、クロススプレッドで練習を。

この相談の続きはP46(POINT27)→

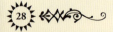

全体運を占うなら「プラネタリースプレッド」

このスプレッドは、占星術の理論をタロット占いに導入したものです。**特定の指定した期間の全体運を占うのに適しています。**カウンセリング時点で、相談者の興味がある事柄を、事前に確認しておきましょう。

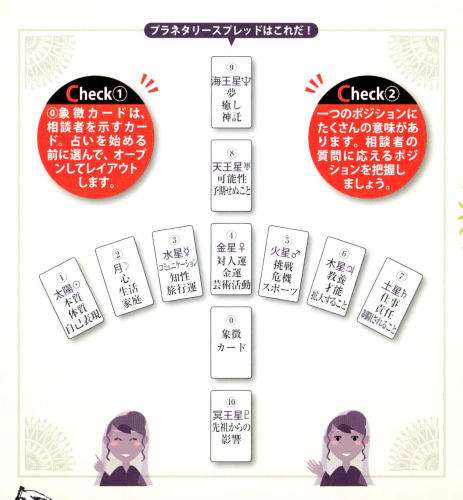

プラネタリースプレッドはこれだ！

Check① ⓪象徴カードは、相談者を示すカード。占いを始める前に選んで、オープンしてレイアウトします。

Check② 一つのポジションにたくさんの意味があります。相談者の質問に応えるポジションを把握しましょう。

- ⑨ 海王星 ♆ 夢／癒し／神託
- ⑧ 天王星 ♅ 可能性／予期せぬこと
- ① 太陽 ☉ 本質／自己表現
- ② 月 ☽ 心／生活／家庭
- ③ 水星 ☿ コミュニケーション／知性／旅行運
- ④ 金星 ♀ 対人運／金運／芸術活動
- ⑤ 火星 ♂ 挑戦／危機／スポーツ
- ⑥ 木星 ♃ 教養／才能／拡大すること
- ⑦ 土星 ♄ 仕事／責任／制限されること
- ⓪ 象徴カード
- ⑩ 冥王星 ♇ 先祖からの影響

第Ⅱ章　課題別スプレッド選択のコツ10

ワンモアアドバイス このスプレッドは、占星術の天体の意味に対応しています。占星術の知識をお持ちの方は、それも参考に自由に創造的に読みましょう。

この相談の続きはP48(POINT28)→

POINT 19

現状を相対的に知るには
「ホロスコープスプレッド」

ホロスコープスプレッドは、特定の期間を占う万能スプレッドです。タロット占いでは一般的に占目を明確にしますが、**占目が明確にできない場合、このスプレッド**を使いましょう。運勢を知り、開運法を知ることができます。

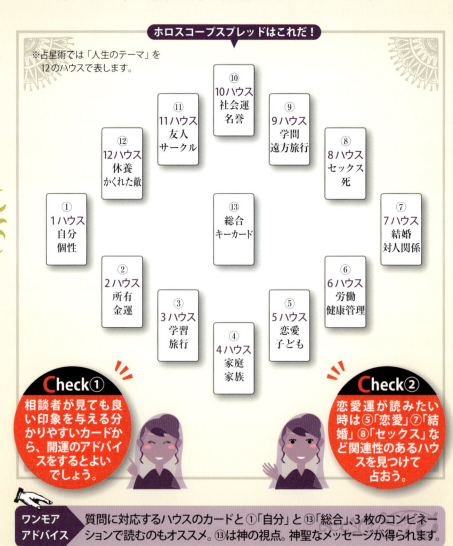

ホロスコープスプレッドはこれだ！

※占星術では「人生のテーマ」を12のハウスで表します。

- ① 1ハウス 自分 個性
- ② 2ハウス 所有 金運
- ③ 3ハウス 学習 旅行
- ④ 4ハウス 家庭 家族
- ⑤ 5ハウス 恋愛 子ども
- ⑥ 6ハウス 労働 健康管理
- ⑦ 7ハウス 結婚 対人関係
- ⑧ 8ハウス セックス 死
- ⑨ 9ハウス 学問 遠方旅行
- ⑩ 10ハウス 社会運 名誉
- ⑪ 11ハウス 友人 サークル
- ⑫ 12ハウス 休養 かくれた敵
- ⑬ 総合 キーカード

第Ⅱ章 課題別スプレッド選択のコツ10

Check①
相談者が見ても良い印象を与える分かりやすいカードから、開運のアドバイスをするとよいでしょう。

Check②
恋愛運が読みたい時は⑤「恋愛」⑦「結婚」⑧「セックス」など関連性のあるハウスを見つけて占おう。

ワンモアアドバイス
質問に対応するハウスのカードと①「自分」と⑬「総合」、3枚のコンビネーションで読むのもオススメ。⑬は神の視点。神聖なメッセージが得られます。

この相談の続きはP50(POINT29)→

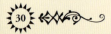

詳細な事柄を占いたい時には
「オプショナルスプレッド」

大まかなことは決まっているけど、細かなことを気にされている相談者に、詳細なアドバイスをするためのスプレッドです。名前の通り、**他のスプレッドと組み合わせて、オプションとして使う**のもよいでしょう。

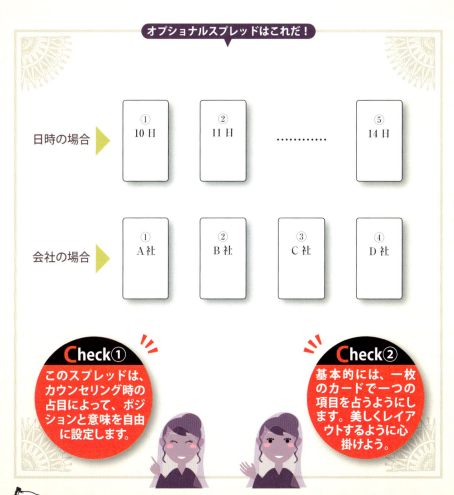

オプショナルスプレッドはこれだ！

日時の場合 ▶ ① 10日 ② 11日 …………… ⑤ 14日

会社の場合 ▶ ① A社 ② B社 ③ C社 ④ D社

Check① このスプレッドは、カウンセリング時の占目によって、ポジションと意味を自由に設定します。

Check② 基本的には、一枚のカードで一つの項目を占うようにします。美しくレイアウトするように心掛けよう。

第Ⅱ章　課題別スプレッド選択のコツ10

ワンモアアドバイス　「どれにしたらいい？」「いつしたらいい？」など、具体的な事柄に答えを出します。物事の吉凶や、他の項目との比較検討に良いでしょう。

この相談の続きはP52(POINT30)→

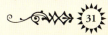

第Ⅲ章
占いは相談者との共同作業

スプレッド別
リーディングのコツ10

POINT	21	「クロススプレッド」は 心が作り出す運勢を読み取る	…34
POINT	22	「ヘキサグラムスプレッド」は 時間軸の中で二人の関係を読む	36
POINT	23	「二者択一のスプレッド」は 運勢の流れを感じて	………38
POINT	24	「セブンスプレッド」は 原因と結果から運命を知る	……40
POINT	25	「スリーカードスプレッド」は 時間にとらわれない読み方を	42
POINT	26	「シンプルクロススプレッド」は ポジティブな啓示をもたらそう	…44
POINT	27	「ケルト十字スプレッド」は 願望実現の心の地図を読み解く	46
POINT	28	「プラネタリースプレッド」は 可能性を高める読み方をしよう	48
POINT	29	「ホロスコープスプレッド」は 関連性を持たせて読もう	50
POINT	30	「オプショナルスプレッド」は 具体的に吉凶を読む	……52

＜全てのスプレッドに共通するコツ＞

①大切なのは真心…相談者の生き方を理解し、相談者の立場になって占いを行いましょう。

②リーディングのコツ…運命的な事柄は「大アルカナ」、具体的な事柄や小さなことは「小アルカナ」で読み取っていきます。一枚一枚の意味をしっかり読むより、全体的な絵から感じるイメージと流れをつかんで、結果に向かって読み進めていくとスムーズです。

③クロージングのコツ…ポジティブな気分になれる言葉で占いを終えましょう。そして、「またいつでも相談してね」、「私でよかったら力になるよ」と声をかけます。この言葉は、相談者に対しての愛と誠実さです。相談者が占いで得たメッセージを実行する気持ちを促します。

④守秘意識…相談を受けた内容は他言しないこと。占いが終わったら、内容は心の底に沈めて、クロージング終了です。

この章で分かるコツ

★展開例ごとの必須チェックポイントが分かる。
★展開例ごとの応用的な解読法が分かる。
★モデルトークとして伝え方のコツが分かる。

POINT 21 「クロススプレッド」は心が作り出す運勢を読み取る

相談者は何を求めているのか？「語ってくれること」＝「本音」ではないことも。相談者が語らずとも、思いはカードに示されています。**問題や悩みはもちろん、答えや運命も、相談者自身の心の中にあるのです。**

相談者

占目
秋絵さん（22歳 販売員）は、今、特に気になる方はいらっしゃらないんですね。ではこれから、秋絵さんに素敵な出会いがあって、幸せな恋ができますように、恋愛運を占っていきましょう。

相談者

第Ⅲ章　スプレッド別リーディングのコツ10

展開例はこれだ！

②顕在意識
[杖8・逆]

④過去
[塔]

①現在
[剣6・逆]

⑤未来
[力・逆]

③潜在意識
[節制・逆]

運命の大アルカナは赤、詳細の小アルカナは青で表示

34

Check①
逆位置優勢で、相談者の気持ちが前向きではないことを示しています。

Check②
視覚的印象の強いカード[塔]は正位置です。このカードをポイントとします。

▶ ①現在［剣6・逆］
旅立ちのカード。新しい可能性や出会いを求めて行動しようとしているが、空回り。

▶ ②顕在意識［杖8・逆］
目当てや目的のない行動は、同じことの繰り返しが続くだけで、つまらない。

▶ ③潜在意識［節制・逆］
新しい恋へとシフトしていない。「自分の気持ちを受け止めてもらえない。」「気持ちが通じ合うことは難しい。」という、潜在的な思いを象徴。

▶ ④過去［塔］
セクシャルなテーマのあるカード。相談者の恋愛トラブルを象徴。このことが相談者の恋愛に影を落としている。

▶ ⑤未来［力・逆］
エネルギーの停滞。新しい恋への勇気のなさ。傷付くことへの恐れを克服できない。

さらに！
過去のショック［塔］が癒えていない［節制・逆］なか、新しい恋をする勇気がない［力・逆］ことを示しています。

モデルトーク

失恋も愛を学ぶための経験、新しい恋を恐れないで

　前の彼との別れを示しているのか、過去の恋愛で傷付いたカードが出ています。辛い体験が、時間が経っても影を落としていますね。
　秋絵さんも、過去の恋愛から立ち直ろうと行動してるけど、せっかくの出会いをスルーしがち。新しい出会いがあっても楽しく思えないのは、痛手が癒えていないこともあるけど、秋絵さん自身、「私のことを受け止めてくれる人なんて簡単に現れない」「私が愛を注いでも受け止めてもらえない」って思っていませんか？　そんな体験があったとしても、それは愛を注ぐタイミングと受け取るタイミングが違っただけです。男と女の定めみたいな永遠のテーマですよね。
　そんなすれ違いから誤解が生じるのだろうけど、だからこそお互いに相手に愛されようと努力するし、恋はあなたに生きる勇気や元気、いろいろな可能性を与えてくれるよ。勇気を出そうよ！　秋絵さんの新しい恋バナを期待してるからね。

ココをおさえて
逆位置のカードは、正位置の肯定的な意味を引き出すようにアドバイスしましょう。

ワンモアアドバイス
70％以上のカードが逆位置の時、全てのカードの正逆を入れ替えて占うこともあります。視点や考え方が変われば、運勢が変わるからです。

POINT 22 「ヘキサグラムスプレッド」は時間軸の中で二人の関係を読む

六芒星形の2つの三角に置かれたカードを対比しながら、時間軸の中での二人の関係性を組み立てます。そして中央の「最終結果」から、相談者の知りたい内容の焦点に答えを絞り込みます。

占目

彼は、最近仕事が忙しそうで、メールも少なくなったんですね。彼は、春子さん（34歳 独身）のことをどう考えているのか、春子さん自身の恋愛や結婚運についてと、今後、彼とどんな風に関わっていけばいいのか占います。

相談者　相談者

第Ⅲ章　スプレッド別リーディングのコツ10

展開例はこれだ！

① 過去 ［運命の輪］
② 現在 ［審判・逆］
③ 未来 ［聖杯5・逆］
④ 障害・対策 ［杖ペイジ］
⑤ 相手の気持ち ［金貨3］
⑥ 自分の気持ち ［戦車・逆］
⑦ 最終結果 ［聖杯4・逆］

運命の大アルカナは赤、詳細の小アルカナは青で表示

36

Check①
恋愛占いなら①過去の［運命の輪］に注目。運命的な出会いを示します。

Check②
［杖ペイジ］は、愛らしい恋人を象徴。④対策の場所に出ていることに注目。

 ▶ ①過去　［運命の輪］
二人の出会いは運命的で特別なものなので、順調だった。

 ▶ ②現在　［審判・逆］
転機が来て、何らかの結論に迫られている。決断する時。

 ▶ ③未来　［聖杯5・逆］
受け容れ方を変えれば、状況は変わることを暗示。

 ▶ ④障害・対策　［杖ペイジ］
ペイジが意味する、相談者自身の「けなげさ」が鍵。

 ▶ ⑤相手の気持ち　［金貨3］
仕事のプロジェクトと考えれば、彼が忙しいという相談者の話に符合する。

 ▶ ⑥自分の気持ち　［戦車・逆］
相談者の気持ちが本来とは逆の方向に走ってしまっている。

そして！

 ▶ ⑦最終結果　［聖杯4・逆］
相手から手を差し伸べてくれるように、状況が変わる。

さらに！

③［聖杯5・逆］　⑦［聖杯4・逆］
共に考えている姿のカード。相談者の悩みやすい性質を示しています。

モデルトーク

彼を信じて愛らしい恋人でいることで、彼からも誘いが

　過去は順調なお付き合いでしたね。だけど今、彼は大きなプロジェクトに取り組んでいて、そのことで頭がいっぱいみたい。春子さんは、二人の関係に答えを出す頃だと思っているけど、返事がこないことが怖くて、関わることから逃げていませんか？　勇気を出して、連絡を取ってみてください。
　二人の縁は特別なものだとカードが言っています。結婚について、大切なことですし急いで答えを出す必要はありません。春子さんの魅力は「けなげさ」です。彼との結婚を考えるなら、お仕事を頑張っている彼を理解し受け容れて、気持ちを切り替えましょう。彼を信じて愛らしい恋人でいることが大切ですよ。前向きな気持ちで連絡を取りましょう。彼の方からもお誘いがありそうですよ。

ココをおさえて
相談者の悩みやすい性質を考えて、前向きな気持ちに切り替えるアドバイスに重点をおく。

ワンモアアドバイス
最重要ポジションである、「最終結果」のカードが良ければ全体の流れを積極的に、悪ければ消極的に読んでいきましょう。

第Ⅲ章　スプレッド別リーディングのコツ10

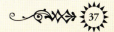

POINT 23

「二者択一のスプレッド」は運勢の流れを感じて

現状からAとBの運勢の川の流れがあります。大きくても険しい流れ、小さくても穏やかな流れ、どんな風に運勢の川が流れているのかを感じましょう。
オラクルのカードは、相談者の人生全体のアドバイスを示します。

相談者

占目
彼氏と付き合って3年。関係がマンネリな時に出会ったBさんが気になるんですね。夏美さん（26歳 独身）にとって、どちらの男性とお付き合いすることが幸せなのか、それぞれの人との未来を占っていきましょう。

相談者

展開例はこれだ！

A（彼氏）を選択した場合　　　　　　　　　　　　Bさんを選択した場合

⑥オラクル
［金貨5］

④Aの遠い将来
［月］

⑤Bの遠い将来
［金貨キング・逆］

②Aの近い将来
［金貨3］

③Bの近い将来
［金貨6］

①現在
［愚者・逆］

第Ⅲ章　スプレッド別リーディングのコツ10

運命の大アルカナは赤、詳細の小アルカナは青で表示

Check①
大アルカナの出ているA（彼氏）に、運命の流れがある、と読みます。

Check②
金貨のスートが多く出ています。この占いのテーマは、安定と継続にあります。

 ▶ ①現在［愚者・逆］
気持ちが浮ついていて、不安定です。考えがまとまらない時。

 ▶ ③Bの近い将来［金貨6］
調和の取れる距離間のお付き合い。良い相性の二人。

 ▶ ②Aの近い将来［金貨3］
同じ志を持って、精神的なものを共有する関係を示す。

 ▶ ⑤Bの遠い将来［金貨キング・逆］
男性の傲慢さを暗示。経済観念の相違。価値観の押し付けや支配欲、束縛。

 ▶ ④Aの遠い将来［月］
不透明な将来。彼氏に対しての不安や迷いを持っている。

 ▶ ⑥オラクル［金貨5］
苦しい時も、一緒に人生を歩める人こそ、真のパートナー。

そして！
彼氏を選んだとしても、遠い将来の［月］は三角関係を解消できていない相談者の状況を暗示しています。

さらに！
［愚者］と［月］の組み合わせの出現は、精神的不安定を示し、今は判断すべき時ではありません。

モデルトーク

本当の愛は、勇気と決断を超えて得られるもの

今、夏美さんの前に道はなく、何もかも失うんじゃないかと不安で、自分の心のよりどころを求めています。占いは、長い付き合いの彼氏と別れられないから、彼氏を選ぶと出ています。だけど、Bさんへの思慕は消えないようです。Bさんは親切で理解力もありますから、適度な距離を保っている間はうまくいきますが、Bさんと付き合った場合、彼は独占欲や支配欲が強い人のように思いますね。

今の状態がいいとは思ってはいないけど、今あるものを失いたくないという思いが、あなたを苦しめているように思いますよ。生きてる限り人は進化し、今より幸せになるのです。「辛くても前向きに生きることで、あなたの本当のパートナーが現れます。あなたが辛い時は、その人がそばにいてくれます」と、カードは言っています。

ココをおさえて
実際にカードを指し示すことや、アイコンタクト、笑顔などの表情も説得力を高めます。

ワンモアアドバイス
カード全体を通して、スートのバランスからテーマを読み取ることができます。また、出ていないスートを意識することも大切です。

POINT 24

「セブンスプレッド」は原因と結果から運命を知る

このスプレッドは、各ポジションの意味以外にも、大きな時間軸があります。①②は過去、③〜⑤は現在、⑥⑦は未来という、運勢の流れを含んでいます。**タロット占いは何層にも展開され、何重にも意味が存在するのです。**

占目

冬美さん（54歳 主婦）の息子さん（31歳 サラリーマン）の結婚運を占っていきますね。息子さんがこの場にいらっしゃらないので、このカード（金貨のナイト）を息子さんと見立てて占っていきます。

相談者

相談者

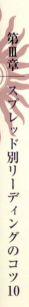

第Ⅲ章 スプレッド別リーディングのコツ10

展開例はこれだ！

①原因 [皇帝]
⓪象徴カード [金貨ナイト]
⑦結果 [金貨4]
②現在 [聖杯ナイト・逆]
⑥障害・対策 [悪魔]
③近い未来 [剣1・逆]
⑤本心 [杖6]
④環境 [聖杯3・逆]

運命の**大アルカナは赤**、詳細の**小アルカナは青**で表示

40

Check①
①原因は［皇帝］にあり。社会的成功が恋愛や結婚を疎遠にさせます。

Check②
①原因［皇帝］と⑦結果［金貨4］は同じ「4」。「4」には安定というメッセージがある。

 ▶ **①原因［皇帝］**
対象者が仕事人間で、恋愛に疎遠であったことを示す。

 ▶ **②現在［聖杯ナイト・逆］**
今、気になる女性がいて、アプローチするも、進展は難しい。

 ▶ **③近い未来［剣1・逆］**
別れを象徴するカード。今の女性とは縁がないかも。

 ▶ **④環境［聖杯3・逆］**
母の理解とは違い、社交的。女性と交際をするチャンスがあっても友達以上恋人未満に。

 ▶ **⑤本心［杖6］**
今は、結婚より友達や仕事を大切にしたいと思っている。

 ▶ **⑥障害・対策［悪魔］**
裏切られたくないという思いが強く、女性不信が障害。

 ▶ **⑦結果［金貨4］**
現状維持のカード。結婚が決まるのには時間がかかりそう。

さらに！
［聖杯ナイト・逆］、［聖杯3・逆］、［悪魔］は、異性運を示すカード。ただし、良縁ではありません。

モデルトーク

仕事が出来て堅実な息子さんなので、心配はいりません

　息子さんには、たしかに気になる女性がいるみたいです。だけど成就しにくいと出ています。女性がいっぱいいるカードが出ているので、息子さんはモテる人のようですけど、友達止まりみたいですね。
　息子さんは**根本的に仕事が好きで、社会的成功や仕事の方が、結婚よりも関心が高い**ようです。それに女性不信というか、警戒心があり、恋愛や女性に対しての苦手意識があるようにあります。愛する人を守ろうとする気持ちも強いのですが、**ヤキモチ焼きで、恋と仕事の両立が下手なタイプ**みたいですよ。なので、恋愛に慎重なようですね。
　今、彼は仕事や友達付き合いが充実していてそれに満足しているようです。冬美さんが心配しなくても、**息子さんのペースで結婚を決めるでしょう**。息子さんは、仕事が出来てモテるタイプですし、堅実ですから、大丈夫、心配ありませんよ。

ココをおさえて
相談者自身の占いではないので、占いの結果は相談者への配慮を持って伝えること。

ワンモアアドバイス　第三者占いをする時は、象徴カードを使いましょう。第三者の情報を得て人物像を明確にすることが、第三者占いの的中率を高めるコツです。

POINT 25

「スリーカードスプレッド」は時間にとらわれない読み方を

3枚のカードの中で、ポイントとなるのはどのポジションか？ そのポジションのカードを中心に読み解いていきます。相談者の運勢の流れを、俯瞰図を見るように読み取っていきましょう。

占目

ご主人の仕事が不安定で、経済不安を抱えているのですね。お子さんが小さいのに働こうかと悩む愛さん（31歳主婦）が安心して暮らせますよう、ご家族の幸せをお祈りしながら、経済運、金運を占っていきます。

相談者

展開例はこれだ！

①過去　[世界]　②現在　[杖1・逆]　③未来　[剣7・逆]

＋α プラスアルファ

大アルカナを中心に読もう！

78枚のカードのうち、22枚は大アルカナです。78枚を使って占った時、大アルカナの出現率は約1/3。結果や未来のポジションよりも大アルカナを優先して占いの結果や答えを出してもいいというほど、大アルカナの出現には意味があり、大切です。出現した大アルカナのカードの種類、出たポジションがポイントとなります。

運命の大アルカナは赤、詳細の小アルカナは青で表示

第Ⅲ章　スプレッド別リーディングのコツ10

42

Check①
この占いのポイントは、大アルカナの出ている①過去にあります。

Check②
3枚中、2枚が逆位置。逆位置優勢で運勢が下がり気味です。

▶ ①過去 ［世界］
何不自由なく安定した環境の象徴。相談者が守られた環境で生活してきたことを示している。それは今までやってきたことの結果でもある。

▶ ②現在 ［杖1・逆］
何か新しいことを始めたいという思いはあるが、何を始めていいか分からない。始めることへの不安がある。

▶ ③未来 ［剣7・逆］
カードの人物の頭の向きと歩む方向が違うことから、考えと行動がチグハグという暗示。相談者は協力者と話し合い、考えや方針をまとめる必要がある。

そして！
①過去のポジションにタロットカードの中で最も完成されたカード［世界］が出ています。過去の状態を持続することが可能ならそれを薦めますが、難しいなら、新しい方法を取り入れられるか［杖1・逆］、ということが鍵です。

さらに！
2枚のカードの逆位置は、今の状況や未来に対しての不安を象徴しています。

モデルトーク

人生にはサイクルがあり、今、新しいステージがスタート

　過去には愛さんが今まで守られて、安定した生活をしていたことが表れています。今の状況は、あなたが幸せの拡大のために新しいステージへ進むためのプロセスだと告げています。
　今、愛さんは、何をどう始めたらいいか分からず、未来へ向けて幸せなビジョンを持つことができませんね。過去には戻れないのに、幸せな過去に戻りたいと、後ろ向きではありませんか？　節約しなきゃと思いつつも、不安から来るストレスで、逆にお金を使っていますね？
　幸せのためには、お金が足りないと思っているようですが、節約できることがまだ残っている。新しい考えを持ちなさいと出ています。ご家族やママ友、働くためのさまざまな支援団体の活用など、いろいろな知恵を借りて、新しい可能性を探してみてください。そして愛さん自身、もっと幸せになる権利と知恵をつかむ時が今なのですよ。

ココをおさえて
質問に対しての答えを出すこと。占いを通して、人生を前向きに生きるアドバイスを。

ワンモアアドバイス
過去のポジションに［世界］が出ると、過去の状態をキープできないなら、まったく新しいやり方でないと通用しないことを示しています。

第Ⅲ章　スプレッド別リーディングのコツ10

POINT 26 「シンプルクロススプレッド」は ポジティブな啓示をもたらそう

オープンするカードが少ない時は、占者の直感力が必要で、腕の見せ所です！表現力が必要ですので、シンプルに見えて難しい占いです。カードがもたらす神秘的なメッセージを受け取って、相談者を触発することが大切です。

相談者

相談者

占目

看護師として5年働いてきた郁恵さん（29歳 看護師）ですが、今、スランプなんですね。看護師という仕事に自信と誇りを取り戻し、充実した仕事ができるようになるにはどうしたらいいのか、タロットに聞いてみますね。

第Ⅲ章　スプレッド別リーディングのコツ10

展開例はこれだ！

①現状
[隠者]

②課題と援助
[法王・逆]

+α プラスアルファ

大アルカナのみの占いは、啓示的なリーディングを！

タロット占いは、慣れると78枚で占う方がポイントを大アルカナの出るポジションに絞ることができますが、大アルカナのみの場合は、一枚でいろいろな解釈ができ、たいへん意味の深いメッセージとなります。その人の霊的成長、運命的な出来事を象徴しているので、結果の善し悪しに関わらず、成長のために必要な啓示として理解してもらいましょう。

運命の大アルカナのみを使用

Check①
[隠者]は大アルカナの中でも霊的成長の探求を示し、内向性を表すカードです。

Check②
②課題と援助に出た[法王・逆]は、この場合、課題の方を示しています。

 ▶ ①現状 [隠者]
知恵や経験があっても、さらなる高みを目指す精神性の高さや、求道精神、孤高の意識を示している。相談者の孤独な気持ちや状況の象徴。また、隠したい、隠れていたいという、相談者の心境を示すカードでもある。

 ▶ ②課題と援助 [法王・逆]
このカードは、上司と部下の関係性を示すカード。逆位置なので、上下関係の不調和を象徴。組織力が薄弱なものになっていることを示唆している。使命感や精神的な信念が揺らいでいることを暗示。

そして！
[隠者]は霊的成長の探求者、[法王]は霊的指導者です。これらのカードの出現は、相談者の思いに、仕事を通して自己の意識を高めたい、という欲求があることを示しています。

さらに！
[隠者]は孤独を好むカード、[法王]は組織力のカード。この2枚の意味のギャップに相談者の課題があります。カードの組み合わせから得られる情報、共通点と相違点を読むことがリーディングを深めます。

モデルトーク

自分の経験を活かそうと思う時、運勢が変わります

郁恵さんにとって看護師は天職で、看護や医療組織の在り方を高める意識がカードに表れています。だけど組織の改善や人材育成がうまく図れない現実から、心を閉ざしがちになっていませんか？

このカードを見てください。ランプを持っているけど光を見ず。この明かりはあなたの中にある知恵です。スランプを解消する知恵をあなたはすでに持っている。だけど、それに目を向けない。上司の不理解や、後輩の未成熟など、組織にはまだまだ改善点があるように思いますが、今、一番にすることは、自己信頼です。

自分の経験を信じましょう。郁恵さんが自分の経験を活かそうとする時、組織のエネルギーが変わり、結果的にあなたをサポートしてくれるでしょう。みんなも向上することを望んでいるし、その知恵を持っているのはあなたです。

ココをおさえて
表れているカードを使った現状や心情の適格な比喩表現は、相談者の心をつかみます。

ワンモアアドバイス
「課題」が「恩恵」になるのが、啓示的な占い。質問の答えは相談者の心の中にあり、タロットがそれを引き出すきっかけとなるのです。

POINT 27
「ケルト十字スプレッド」は願望実現の心の地図を読み解く

成功するためには何が大切なのか、すべきことや課題を読み解いていきます。自分の才能を現状の環境でどう活かすか、これからどういうプロセスを進むのか、運勢を読みながら願望実現の成功図を作りましょう。

占目

相談者

恵理さん（41歳 自営業）は、エステを経営されているのですね。今度、ホテルにサロンをオープンする企画と、そこで行う新しいプログラムが成功するためにはどうしたらいいか、占っていきますね。

相談者

展開例はこれだ！

③願望・恐れ
［聖杯9・逆］

⑤過去
［杖9］

①現在
［女帝・逆］
②障害・援助
［正義］

⑥未来
［剣5・逆］

④潜在意識
［聖杯8］

⑩最終結果
［杖ナイト・逆］

⑨発揮される才能
［聖杯1・逆］

⑧周囲からの影響
［恋人たち・逆］

⑦立場
［金貨8］

第Ⅲ章　スプレッド別リーディングのコツ10

運命の大アルカナは赤、詳細の小アルカナは青で表示

Check① 美容に関係する[女帝・逆]がこの占いの鍵。高い美容技術や意識が必要。

Check② 始まりを示すエース[聖杯1・逆]が、⑨才能のポジションに出ています。

 ▶ ③願望・恐れ ［聖杯9・逆］
仕事や成功への強い意欲。成功のためには努力を惜しまない。

 ▶ ⑤過去 ［杖9］
この仕事に対しての準備を整えてきたことを表している。

 ▶ ①現在 ［女帝・逆］
美容に対しての強いこだわりと仕事への高いプライド。

 ▶ ⑥未来 ［剣5・逆］
裏切りや悪い噂。人間関係でのトラブルの暗示。

 ▶ ④潜在意識 ［聖杯8］
今あることから、他のことに興味が移って、新しいことにチャレンジしようと思っている。

 ▶ ⑦立場 ［金貨8］
エステをライフワークとし、経営の安定と、技術の向上のための努力を継続。

 ▶ ⑧周囲からの影響 ［恋人たち・逆］
興味本位で移ろいやすい、周囲の人たちに振り回されそう。

 ▶ ⑨発揮される才能 ［聖杯1・逆］
サービス精神旺盛だが、うまく発揮できていない。準備不足。

 ▶ ②障害・援助 ［正義］
情熱と、客観的で冷静な決断力とのバランスが成功の鍵。

 ▶ ⑩最終結果 ［杖ナイト・逆］
オープンは遅れそう。結果を出すのに急ぎすぎないこと。

第Ⅲ章 スプレッド別リーディングのコツ10

急ぐより、堅実なやり方の継続の先に、成功があります

結論から言うと、オープンを急ぐより上質なサービスを心がけることが大切だと出ています。今まで準備を整えてきましたが、恵理さんは、新しい企画を成功させたい気持ちが強いあまり、本来持っている「真心を込めた接客」という意識がうまく発揮されていません。

成功への思いは恵理さんのプロ意識を高めていますが、仕事で得られるステータスは、お客様ではなく、恵理さんが求めているものです。お客様は、新しいことに興味を寄せますが、一時的なもののようです。

恵理さんにはお客様の要望を汲み取る才能がありますので、自分のしたいサロンとお客様の要望とのバランス、今のサロンの継続と新しいビジネス展開とのバランスを大切にすることが成功の秘訣です。

ココをおさえて
結論から明確に伝えて、そのプロセスや理由を説明することで、説得力が増します。

ワンモアアドバイス 「8」は継続、「9」は達成の意味があり、2枚ずつ出現。努力の達成を暗示。出現した「数字」をチェックしよう。※数字についてはP118（POINT77）参照

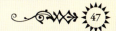

POINT 28 「プラネタリースプレッド」は可能性を高める読み方をしよう

誰しも潜在的な可能性を持っています。占い師は、チャンスや才能を誰かに引き出してもらいたいと願う相談者の、才能の開花を促します。相談者の人生に、夢と希望と可能性をもたらす占いを心掛けましょう。

占目

梨沙さん（19歳 学生）は、音大に通っていて、音楽イベントや、ライブ活動をされているんですね。今年はどんな年になるのか？　そして、素敵な出会いがあるのか？　全体的に今年の運勢を占っていきます。

相談者

相談者

展開例はこれだ！

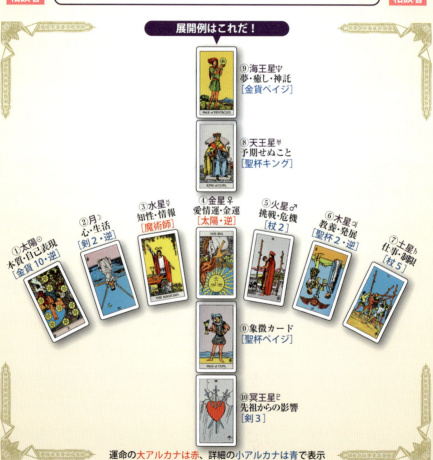

⑨海王星♆
夢・癒し・神託
[金貨ペイジ]

⑧天王星♅
予期せぬこと
[聖杯キング]

①太陽☉
本質・自己表現
[金貨10・逆]

②月☽
心・生活
[剣2・逆]

③水星☿
知性・情報
[魔術師]

④金星♀
愛情運・金運
[太陽・逆]

⑤火星♂
挑戦・危機
[杖2]

⑥木星♃
教養・発展
[聖杯2・逆]

⑦土星♄
仕事・制限
[杖5]

⓪象徴カード
[聖杯ペイジ]

⑩冥王星♇
先祖からの影響
[剣3]

第Ⅲ章　スプレッド別リーディングのコツ10

運命の大アルカナは赤、詳細の小アルカナは青で表示

48

Check①

全体の特徴をつかもう。大アルカナ2枚。杖2枚。聖杯2枚。剣2枚。金貨2枚。

▶ ①太陽 ☉ 本質・自己表現 ［金貨10・逆］
いろいろな活動は家族に支えられているので、感謝すること。

▶ ②月 ☽ 心・生活 ［剣2・逆］
ストレスを感じて心を閉ざす。分かってもらえないと感じることもある。

▶ ③水星 ☿ 知性・情報 ［魔術師］
新しい企画を立てるのに良い。コミュニケーションも活発。

▶ ④金星 ♀ 愛情運・金運 ［太陽・逆］
出会いや恋のチャンスあり。お付き合いでは、わがままに注意。

▶ ⑤火星 ♂ 挑戦・危機 ［杖2］
夢に向かって、野心的にチャレンジをする年。

Check②

数札「2」が3枚。関係性や2つあるもののバランスがテーマ。優柔不断。

▶ ⑥木星 ♃ 教養・発展 ［聖杯2・逆］
発展するのはロマンスという暗示。ただし、ひと時の恋かも？

▶ ⑦土星 ♄ 仕事・制限 ［杖5］
対人関係で悩みそう。グループでの活動は制限されそう。

▶ ⑧天王星 ♅ 予期せぬこと ［聖杯キング］
芸術家のカード。相談者に興味を持つ人物が現れるかも。

▶ ⑨海王星 ♆ 夢・癒し・神託 ［金貨ペイジ］
夢を持ち続けること。努力は必ず報われる。

▶ ⑩冥王星 ♇ 先祖からの影響 ［剣3］
お墓参りや法事などには参加し、感謝の気持ちを忘れずに。

そして！
④愛情運 ［太陽］→喜び、⑥発展 ［聖杯2］→ロマンス。「2」の数札が多いことから、（逆位置で悩みはあるが）恋のチャンス。

さらに！
視覚的に衝撃のあるカードは少ないが、逆位置優勢。大きな問題はないが、悩みの多い年と読み、前向きなアドバイスを。

モデルトーク

恋を楽しみ、家族を愛し、学生生活をエンジョイしよう

　彼氏はすぐできそうよ。ただ、急に盛り上がる一時的な恋になるかも。音楽活動は、メンバーとの意見の不一致などで悩みそうですが、大きなトラブルはないでしょう。技術を磨き、活動を頑張っていたら、業界人の目にとまるかもしれませんよ。
　梨沙さん自身の才能と努力も大切だけど、ご家族の理解と家庭円満がエネルギーの源ですので、ご家族の絆を大切にしましょうね。学業も順調で、友達との旅行なども楽しめそうですよ。
　注意することは、迷いが多く、ナイーブになりやすいということ。落ち込んだ時は、家でリラックスして過ごすことをオススメします。ご家族やご先祖様への感謝を忘れずに過ごしてくださいね。

ココをおさえて
相談者の知りたいことからリーディングすると、話が盛り上がります。夢を与える占いをしよう。

ワンモアアドバイス
象徴カードは［聖杯ペイジ］なので、同じ聖杯のスートが出ている⑥木星と⑧天王星のポジションにリンクしやすいと考えます。

第Ⅲ章　スプレッド別リーディングのコツ10

POINT 29 「ホロスコープスプレッド」は関連性を持たせて読もう

ホロスコープスプレッドは、一度に13枚のカードをレイアウトするので混乱しがち。目的のポジションのカードを読み解いてから、関連性を見つけて他のカードを読むことで、深いリーディングが可能となります。

占目

最近、いろいろなことに意欲が湧かないんですね。では、何をきっかけに幸子さん（45歳 会社勤務）が元気を取り戻すか、チャンスや幸せはどんなところにあるのか、今の幸子さんの全体運を占っていきますね。

相談者

相談者

展開例はこれだ！

⑩10ハウス 社会運・名誉 [金貨7・逆]

⑪11ハウス 友人・サークル [女司祭長・逆]

⑨9ハウス 学問・遠方旅行 [剣ナイト・逆]

⑫12ハウス 休養・かくれた敵 [剣9・逆]

⑧8ハウス セックス・死 [剣4・逆]

①1ハウス 自分・個性 [金貨1・逆]

⑬ 総合キーカード [聖杯7]

⑦7ハウス 結婚・対人関係 [聖杯6]

②2ハウス 所有・金運 [杖キング]

⑥6ハウス 労働・健康管理 [死神・逆]

③3ハウス 学習・旅行 [星・逆]

⑤5ハウス 恋愛・子ども [聖杯10・逆]

④4ハウス 家庭・家族 [金貨2・逆]

第Ⅲ章 スプレッド別リーディングのコツ10

運命の大アルカナは赤、詳細の小アルカナは青で表示

Check①
健康を表す⑥が衰運。関連して、休養を示す⑫も悩みのカード。

Check②
13枚中、大アルカナ3枚を含め10枚の逆位置。前に進めない思いを示す。

▶ ①1ハウス　自分・個性　[金貨1・逆]
結果を出すというより、何かを始める時だけれど、それが何か決まってない。

▶ ②2ハウス　所有・金運　[杖キング]
経済力は安定している。

▶ ③3ハウス　学習・旅行　[星・逆]
相談者は理想主義。理想や夢に手が届かない。

▶ ④4ハウス　家庭・家族　[金貨2・逆]
毎日同じことの繰り返し。大きな変化のない日常に退屈。

▶ ⑤5ハウス　恋愛・子ども　[聖杯10・逆]
大きな夢を描いているけれど、理想に手が届かない。

▶ ⑥6ハウス　労働・健康管理　[死神・逆]
仕事運は衰えている。環境の変化。健康は衰運。

▶ ⑦7ハウス　結婚・対人関係　[聖杯6]
人間関係の調和。恋人との関係はほのぼのしたムード。

▶ ⑧8ハウス　セックス・死　[剣4・逆]
先祖に手を合わせること。睡眠不足に注意。

▶ ⑨9ハウス　学問・遠方旅行　[剣ナイト・逆]
資格試験などは準備不足。

▶ ⑩10ハウス　社会運名誉　[金貨7・逆]
仕事に対しての不満。頑張っても良い結果が得られない。

▶ ⑪11ハウス　友人・サークル　[女司祭長・逆]
友達との付き合いは疎遠気味。価値観の合う人がいない。

▶ ⑫12ハウス　休養・かくれた敵　[剣9・逆]
不眠が心身の健康を損なう。潜在的な不安。

▶ ⑬総合キーカード　[聖杯7]
夢見がちで、いろいろな空想に支配されやすい。

さらに！
空想を示す[星・逆][聖杯10・逆][聖杯7]と、心身衰弱の[死神・逆][剣4・逆][剣9・逆]が多く、活力のあるカードが少ない。

モデルトーク

理想を追うためにも、今は休養することが大切です

　幸子さんの運勢の象徴は真ん中のカード。いろいろなことを思っても、実現しない時です。やる気の喪失は、仕事の頑張り過ぎが原因のようですね。理想が高い幸子さんだから、頑張り過ぎたのかも。
　今は休んでエネルギーを充填して、意欲が出てきたら、また頑張ればいい。眠りにくいのではないですか？　気楽に過ごして、睡眠や休養を取ることで元気が出てくるようですよ。大人買いの買い物での気分転換や、恋人と過ごす時間があなたを癒してくれるでしょう。

ココをおさえて
意欲のない状態や休養を肯定し、相談者が現状を受け入れる手助けを。

ワンモアアドバイス
期間設定なしで占うと1ヶ月～半年、一般的に3ヶ月位の運勢が現れます。タロットは、占者が設定した期間が占いに現れるのです。

第Ⅲ章　スプレッド別リーディングのコツ10

POINT 30 「オプショナルスプレッド」は具体的に吉凶を読む

相談者の質問に応じて、具体的なアドバイスが必要な時もありますし、あえて抽象的で観念的なアドバイスをする時もあります。適切な対応をしましょう。**時には吉凶をはっきり伝えることが、相談者を後押しするのです。**

占目

相談者

小雪さん（57歳 主婦）のご主人が定年退職されて、二人で旅行を計画中なんですね。新婚旅行で行ったイタリアか、別の国か？ 安全で快適な旅行にするためには、どの国をメインにすればいいのか占っていきましょう。

相談者

展開例はこれだ！

第Ⅲ章 スプレッド別リーディングのコツ10

旅行については
クロススプレッド

②顕在意識
[魔術師]

④過去
[杖4]

①現在
[剣キング]

⑤未来
[聖杯クイーン]

③潜在意識
[剣クイーン]

クロススプレッドの
オプションとして
国別の運勢

イタリア
[剣ペイジ・逆]

フランス
[太陽]

スペイン
[杖2]

それ以外の国
[剣3・逆]

運命の大アルカナは赤、詳細の小アルカナは青で表示

Check①
①〜⑤全てが正位置。これは占ったことがスムーズに進む暗示です。

Check②
旅行全体は楽しい、というのを前提として、国別の詳細を見ていきます。

▶ ④過去　[杖4]
以前から定年のお祝いで旅行を計画していた。

▶ ①現在　[剣キング]
夫の主導で旅行計画が進む。または、相談者が決定権を持つ。

▶ ③潜在意識　[剣クイーン]
夫を愛し、夫を支えようといつも思っている。

▶ ②強く意識していること　[魔術師]
いろいろなプランを考えていることが楽しい。

▶ ⑤未来　[聖杯クイーン]
さまざまなことを感じ、女性の満足度が高い旅行になる。

▶ イタリア　[剣ペイジ・逆]
盗難に注意。凶

▶ フランス　[太陽]
元気で楽しく充実する旅。大吉

▶ スペイン　[杖2]
史跡巡りと港町がオススメ。吉

▶ それ以外の国　[剣3・逆]
天候の心配。ケガに注意。大凶

さらに！
イタリアは[剣ペイジ]が逆位置のため凶ですが、コートカードは思い入れの強さを示します。クロススプレッドの同じスート[剣キング]と[剣クイーン]がリンクするので、縁のある国という解釈を。

モデルトーク

愛を深める、楽しい旅になりそうですよ！

　真ん中にキングのカードが出ているので、ご主人中心の家庭ですね。その下と横に出ているクイーンは、小雪さんを示していて、影で支えたり、いつも夫に寄り添って歩んできたことが表れています。
　ご主人はそれを知っていて、この旅行は小雪さんが喜んでくれるものにしたいと企画しているようですよ。どこに行こうかとあれこれ考えるのも楽しいですね。旅行についてのカードが正位置に出ているので、非常に良い占いです。問題なく楽しい旅行が出来そうですよ。
　メインにする国ですが、イタリアは、かつて行ったことがあるからか、縁のある場所と出ていますが、今回のメインではないですね。フランスに最強の吉札が出ています。明るく楽しく開放的になれるようです。フランスメインのツアーに申し込まれることをオススメします。

ココをおさえて
人間関係を意味するコートカードは、誰を示しているかを説明することで共感を呼びます。

ワンモアアドバイス
複数のコートカードの出現は、対人関係を示す場合と、占った内容に対する、相談者のエゴの主張、人格の多様性を示す場合があります。

第Ⅲ章　スプレッド別リーディングのコツ10

第 IV 章
こうすれば実占でうまくいく
成功する占いのコツ 10

POINT	31	タロット占いの成功は「魂入れ」から始まる	56
POINT	32	開運する占いをするには 占いの場をパワースポットに	57
POINT	33	意識の高め方で 的中率が上がる	58
POINT	34	カードシャッフルは 心を無にして神聖な場を作る	59
POINT	35	カードカットで心を一つに重ねる	60
POINT	36	魅せる レイアウト術	61
POINT	37	カードの逆位置を 上手に読むコツ	62
POINT	38	浄化と結界で 邪悪なエネルギーを防ぐ	63
POINT	39	クロス選びは 場面に合わせる	64
POINT	40	カードに力をもたらす 保管方法と扱い方	65

占者の力だけで、良い占いはできません。占いは、占者と相談者の共同作業です。二人が同じ目的に向かって心を重ねることで、高い意識と繋がることができます。そして、相談者と占者と神聖なタロットによって、素晴らしいメッセージがもたらされます。

　占いの成功率を高める工夫は、相談者の話を聞く前から始まります。まず、あなた自身のヒーリングと、浄化と保護を行いましょう。常日頃からのあなたの意識の持ち方や、タロットに関わる熱意や技術が、相談者を癒すのです。

　ここでは、美しいタロットをより美しく神聖なものとするための方法や、実占の所作や見せ方など、占い師としての能力を高める方法を紹介しています。

この章で分かるコツ

★実占での的中率を上げるコツが分かる。
★相談者を引き込むカードさばきのコツが分かる。
★実占での逆位置の読み方のコツが分かる。
★自分とカードとの関わり方のコツが分かる。

POINT 31
タロット占いの成功は「魂入れ」から始まる

タロットカードを購入した時や、しばらく使っていないカードを使う時など、あなたとタロットカードをチューニングすることで占いの的中率を高めます。カードにあなたのエネルギーを吹き込む、「魂入れ」の作業の仕方をご紹介します。

Check①
神秘的なデザインのカード全体から感じる印象を受け取っていきましょう。

大アルカナを並べる
一段目1〜7、二段目8〜14、三段目15〜21＋0（0は最初でも可）、とブロックを積み上げるように（上からでもOK）。

Check②
大アルカナに続いて小アルカナを並べ、全体を見て把握しましょう。

小アルカナを並べる
各スート毎に、1（Ace）〜10、ペイジ・ナイト・クィーン・キングと四段に並べ、しばらく見てから戻します。

Check③
眠っている時間に、カードとあなたの波動とのチューニングが行われます。

「魂入れ」をする
寝る前に1枚ずつカードを見ます。見ることによって、あなたのエネルギーが入ります。

自分の氏名を唱え枕元へ置く
「○○（氏名）の道具としてもっとも神聖な所からメッセージをもたらしてください。」と唱え枕元へ置く。

ココをおさえて
可能であれば「魂入れ」の作業を7日間続けてください。「7」は霊的プロセスのサイクルです。

ワンモアアドバイス
「魂入れ」終了後に占いに使いますが、最初に行う占いは自分占いにしましょう。カードとの関係を確立してから、他者占いをします。

第Ⅳ章　成功する占いのコツ10

開運する占いをするには
占いの場をパワースポットに

POINT 32

占う環境を整えると、その空間がパワースポットやヒーリングスポットになります。**五感に心地よい刺激をもたらすことで、安心できてリラックスできる空間を作る**ことができます。五感に働きかけて、第六感を引きだしましょう。

Check①
明るすぎず暗すぎない、ちょうど良い明るさは、話しやすい空間を作ります。

明るさを工夫する
柔らかい間接照明や相談者とあなたを照らすスポット照明など、明るさを工夫しましょう。

Check②
静かすぎると話しにくいもの。会話が他の人に聞かれないように工夫します。

音楽でムードを演出
ヒーリング音楽や、リラックスできるBGMを流して、話しやすいムードを作りましょう。

Check③
香りは潜在意識に働きかけます。香りを使って、心地よい空間を作りましょう。

香りで雰囲気を醸し出す
お香やアロマオイルなどの香りは、神秘的な雰囲気と、落ち着きをもたらします。

その他のアイテム
キャンドルや水晶などは、占いに神秘的な力をもたらします。演出としても効果的です。

ココをおさえて

占う場は、秘密が守られ、相談者が安心して相談できる空間で、神聖な場所になるようにしましょう。

第Ⅳ章 成功する占いのコツ10

ワンモアアドバイス
光や音、香りは、空間を浄化します。浄化された空間が、あなた自身の瞑想や祈りを通して、神聖なエネルギーの場となります。

57

POINT 33
意識の高め方で
的中率が上がる

タロット占いが当たるとしたら、普段以上の意識、いわゆる第六感が働くからではないでしょうか？ 第六感を高める瞑想を行い、雑念から自由になることで、新しい発想やヒラメキを得やすい状態になるでしょう。

Check① 水と共に心の汚れが洗い落とされる、とイメージしましょう。

Check② 炎が心の中のわだかまりや雑念を燃やしてくれる、とイメージします。

Check③ ゆったりとした呼吸に意識を傾けて、感覚を研ぎすまします。

心を浄化する
清める思いで両手を水で洗い流したら、落ち着ける場所に背筋を伸ばして座ります。

雑念を燃やす
部屋の明かりを暗くして、キャンドルを灯し、炎のゆらぎに目を向けます。

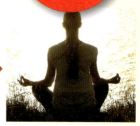

瞑想する
目を閉じて、意識が自分の内側へ向かうように、静かに瞑想します。

第Ⅳ章　成功する占いのコツ10

＋α プラスアルファ
光の瞑想法で、さらにヒラメキ度UP！

心の中でイメージしよう！

吐息とともに、必要のないものが体外に出ていきます。
吸う息とともに、必要なものが体内に注ぎ込まれます。
天から美しい光の雨。すべてを流し、癒してくれます。
あなたの内からも光が芽生え、あふれ出していきます。
その光が世界を、愛、真実、知恵、生命で満たします。

しばらくしたら目をあけて、静かに占いに向かいましょう。

ワンモアアドバイス　日常の自分と占いをする自分を区別しましょう。瞑想は、神聖なメッセージを得る準備です。占いの終わりの浄化も有効です。

カードシャッフルは
心を無にして神聖な場を作る

カードシャッフルは占者の雑念を払い、心を無にする時間でもあります。同時に、**相談者の心を引き寄せる見せ場**でもあります。難しい技術を覚えなくても、簡単なシャッフルで、上手に場を盛り上げることができます。

Check① 自分の中から、雑念や思考エネルギーを手放す思いで、カードを混ぜます。

Check② 混ぜる弧をだんだん小さくしていくと、一つにまとめやすくなります。

Check③ リズムよくカットすることにより、トランス状態を作りやすくなります。

広げて混ぜる
伏せた状態でクロスの上で弧を描くように広げて、両手で円を描くように右回りで混ぜます。

一つに重ねる
相談者側に絵柄が見えないように手前にして、スムーズに一つにまとめます。

両手でカット
この作業が美しく行えると神秘性と説得力が増します。しっかり練習しましょう。

中央に置く
カードをまとめ、二人の間に置いたら、心を沈めて、相談者との共同作業の準備をします。

ココをおさえて
どんなスプレッドで占うのか？ レイアウトするスプレッドは、中央に置くまでに決めておきましょう。

第Ⅳ章　成功する占いのコツ10

ワンモアアドバイス　カードシャッフルは神聖な沈黙の中で行うのがよいのですが、相談者が緊張している時は、会話しながらの方が場が和みます。

POINT 35 カードカットで心を一つに重ねる

カードシャッフルで占者の心の状態を整え、相談者の気持ちを魅きつけたら、次は相談者と心を重ねます。カードカットをしながら占者の心をフラットにした状態で、そこに相談者の意識をもたらします。

Check①
占目を心の中で宣言します。質問を自分の心から手放し、カードに託します。

Check②
心が空っぽになるように集中して無心状態を作り、その瞬間に分けましょう。

Check③
所作の美しさは、神聖な雰囲気を醸し出します。丁寧にカードを扱いましょう。

カードに意識を封入
深呼吸して意識を整え、儀式に集中します。占目をカードに伝えるように手を添えます。

無心で二つに分ける
左手でカードを二つに分け、新しくできた面が上になるようにカードを一つに重ねます。

相談者にも分けてもらう
「好きなところで、左手で二つに分けてください。」と相談者にカードを分けてもらいます。

反転させて祈りを捧げる
カードの上下を反転させます。占う時は占者からの視点で、カードをレイアウトしていきます。

ココをおさえて
相談者が二つに分けた後に反転するのは、相談者の立場でカードをリーディングすることを示すためです。

第Ⅳ章 成功する占いのコツ10

ワンモアアドバイス
集中し無心になることで的中率が上がります。タロット占いのコツは、「念、放、開」。念じて、手放し、心を開いて答えを受け取ります。

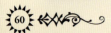

魅せる
レイアウト術

タロット占いは、相談者の目の前での作業が多く、所作にも緊張が伴います。美しい所作とカードレイアウトは、**占いの神秘性とアートセラピー効果も期待**できるでしょう。ここでは占い時のカードの扱い方について紹介します。

Check①
オープンしながらレイアウトすると、頭の中でリーディングの準備が始められます。

レイアウトする
カードをオープンしながらレイアウトします。正位置・逆位置が変わらないように開きましょう。

Check②
ジャンプカードは、今すぐ伝える必要がある潜在意識からのメッセージを示します。

ジャンプカード
シャッフル中に飛び出したカードは、オープンで脇に置くか、戻す場合は覚えておきます。

Check③
ボトムカードは、潜在意識から占者と相談者にもたらされる深いメッセージ。

ボトムカード
レイアウト後に、手元に残ったカードの一番底にあるカードをボトムカードといいます。

第Ⅳ章 成功する占いのコツ10

+α プラスアルファ
占いの終わりは、カードシャッフルでエネルギークリア

> カードの浄化をしよう

カードを読み終わった後は、レイアウトされたカードを残りのカードといっしょに伏せてシャッフルします。その時は、占いを始める前とは逆の左回りで、カードに込められたエネルギーを浄化する思いで「消えろ」と心の中で唱えます。その後、一つにまとめます。

↓

一つにまとめたら、カードに息を吹き掛け、想念を全て吹き飛ばします。

ワンモアアドバイス
レイアウト時に2枚重ねて出してしまったら、その位置は2枚で読む。予備カード(※)が混じって出たら、「その位置は秘密」という意味です。

※**予備カード**…タロットカードを購入した時点で、78枚以外についてくるカード。ウェイト版ではパメラ女史の写真入りのカードなど。

POINT 37

カードの逆位置を上手に読むコツ

タロット占いは、カードの正逆によって意味が複雑に変化します。基本的には、正位置の意味を元に変化して逆位置の意味が生じます。正逆どちらでも、良いカードは良く、悪いカードは悪く読むのが基本。カードの印象を大切に。

Check①
逆位置になると、正位置の意味より劣ったり、強すぎたり、損なわれたりします。

意味が損なわれる
多くの逆位置はこのパターンです。正位置のエネルギーが、過剰に働くか、不足しています。

ココをおさえて
相談者に寄り添い、逆位置の意味を肯定的に表現することで、相談者に受け容れられやすくなるでしょう。

Check②
[吊られた男]は視点が変わることで気付くカード。逆位置で良い変化を起こします。

Check③
正位置の状態より、逆位置の方が遅れるなど、時間的な遅延を意味します。

Check④
逆位置によって、正位置の事柄が時間的に進展した状態になります。

視点が変わる
[聖杯4、5]などは、逆位置になることで描かれている人物の視点の変化が起こります。

時間が遅れる
[杖8]は早い進展。逆位置は遅い展開。[聖杯9・逆]は成功には時間が必要、など。

時間的進展がある
[塔・逆]はアクシデントの後の混乱など、正位置の意味の時間的な経過を示します。

ワンモアアドバイス 正逆の意味の変化が読み解きづらい場合は、全部正位置の意味で読みましょう。タロットカードは、あなたによってカスタマイズできるのです。

第Ⅳ章 成功する占いのコツ10

浄化と結界で
邪悪なエネルギーを防ぐ

POINT 38

高次元の意識からメッセージを受け取るタロット占い。意識のエネルギーが下がると、ネガティブな想念の影響を受けやすくなります。ここでは**邪気祓い**について解説します。邪気祓いのコツは、**自分自身の感情の浄化**にあります。

Check①
占いの始めと終わりには、瞑想や祈り、自分自身の浄化と保護を行います。

水を使った浄化
日頃から手を洗う時やシャワーを浴びる時には、けがれが洗い流されるとイメージします。

Check②
日常と神聖な世界を分けることで、意識エネルギーを高めることができます。

アイテムでの浄化と保護
邪気除けのお守り、香や煙を使った浄化、水晶で結界を張るなど、自分と場所を清めます。

Check③
「占いをする場のマスターが自分である」と認識することで結界は強まります。

自己信頼という力
自己の中の神性とつながれば、占いによって運命が好転することを信頼します。

+α プラスアルファ

カンタンで効果的！「ペンタクルス（五芒星）の結界」を試してみよう

紙に五芒星を描き、その中心に自分の氏名を書きます。この五芒星はあなたの五体に対応します。その五芒星を円で囲みながら、「この中には、愛、真実、叡智、生命を育むエネルギーしか入ってきません。悪しきものはこの円の外へ出て行きます」と唱えます。終わった後の紙は「×」を書いて破棄します。

▼

神（もっとも聖なるもの）によって完全に守られ、愛されていると信じましょう。

ワンモアアドバイス　占う時、占者は相談者にチューニングします。エネルギーは交流し、消耗するので、占いを終えた後にも光の瞑想をするといいでしょう。

第Ⅳ章　成功する占いのコツ10

POINT 39

クロス選びは
場面に合わせる

タロット占いをする時には、展開する場所に敷くタロットクロスを用意します。専用のクロスを用意することで、タロットカードの傷みや汚れを防ぐことも出来ますし、占いを行う演出としても、神秘的な雰囲気を醸し出します。

Check①
実際にカードをシャッフルして、クロスとカードの滑りや摩擦などをチェック。

Check②
神聖なタロット占いをする時は、麻の生成りの色がオススメです。

Check③
魅せるタロット占いには、神秘的な模様やシンボルが描かれた物がいいでしょう。

天然の素材が良い
麻は、聖なる場所に使われる素材です。蚕の糸、絹もオススメです。

神聖な色を選ぶ
麻や綿は生成りがオススメですが、天のエネルギーの空色、神性を示す紫もいいでしょう。

柄で魅せる
無地が占いやすいですが、ペンタクルスやヘキサグラムなどシンボルが描かれた物も。

第Ⅳ章 成功する占いのコツ10

入手方法
オカルトショップで購入できますが、生地を自分で購入してクロスを作るのもいいですよ。

ココをおさえて
タロットクロスは、神聖な世界と日常世界を別けます。カバラでは「聖別」と言い、聖なるものを区別します。

ワンモアアドバイス　占者と相談者が心地よく占いを行うことができる環境を作りましょう。あなたの好きなクロスなら、どんなものでもOKです。

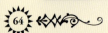

カードに力をもたらす
保管方法と扱い方

POINT 40

タロットカードは、家の中でもっとも神聖な場所で保管するのがベストです。それが難しい場合は、他人にむやみに触れられないような場所に、大切に保管しましょう。タロットカードを聖なるものとして扱うことが大切です。

Check①
カードは、あなたや相談者の個人情報を扱います。人と共有して使わないこと。

Check②
占い終了後、番号の順にカードを並べることで、エネルギーがリセットできます。

Check③
神聖なカードだからこそ、神聖なメッセージが宿るのです。聖別する意識を持とう。

保管方法
タロットボックスやタロットポーチなどに入れ、人目に付かないようにして保管しよう。

タロットカードの浄化
カードの上に、水晶を一昼夜置きます。ホワイトセージでスマッジ（※）するのも良いでしょう。

神聖な場所で保管
祭壇や神棚など、神聖な場所で保管。ない人は、大切なものを入れる場所で保管しよう。

※**ホワイトセージ**…ネイティブアメリカンの魔除けに使われたハーブ。**スマッジ**…ホワイトセージなどをいぶすこと。

カードを使う時は
使わない時は眠っています。カードを叩いて起こしたり、息吹を吹き込んでください。

ココをおさえて
「聖なるもの」とは、あなたがそう思って扱うもの全てです。カードに対する関わり方が占いに影響します。

第Ⅳ章 成功する占いのコツ10

ワンモアアドバイス　パソコンがデータを削除しても情報が残っているように、カードにはエネルギーが残ります。古いカードは聖なる炎で浄化しながら焼却しましょう。

第V章
大アルカナで
問題の運命を読み解くコツ

POINT 41 「0 愚者」は 無限の可能性 ……………………… 68
POINT 42 「I 魔術師」は 創造性 ………………………… 69
POINT 43 「II 女司祭長」は 神秘 ……………………… 70
POINT 44 「III 女帝」は 母なる大地 …………………… 71
POINT 45 「IV 皇帝」は 偉大なる父 …………………… 72
POINT 46 「V 法王」は 神聖な教師 …………………… 73
POINT 47 「VI 恋人たち」は 選択 ……………………… 74
POINT 48 「VII 戦車」は 前進 ………………………… 75
POINT 49 「VIII 力」は 精神力 ………………………… 76
POINT 50 「IX 隠者」は 探究心 ……………………… 77
POINT 51 「X 運命の輪」は 運命的なタイミング ……… 78
POINT 52 「XI 正義」は モラル ……………………… 79
POINT 53 「XII 吊られた男」は 試練 ………………… 80
POINT 54 「XIII 死神」は 終末 ……………………… 81
POINT 55 「XIV 節制」は 節度正しく ………………… 82
POINT 56 「XV 悪魔」は 欲望 ……………………… 83
POINT 57 「XVI 塔」は 崩壊 ………………………… 84
POINT 58 「XVII 星」は 希望の光 …………………… 85
POINT 59 「XVIII 月」は 迷い …………………………… 86
POINT 60 「XIX 太陽」は 成功 ……………………… 87
POINT 61 「XX 審判」は 最終判断 …………………… 88
POINT 62 「XXI 世界」は 完成 ……………………… 89

タロットの「アルカナ」という言葉は、ラテン語の「神秘」や「奥義」に由来する言葉です。タロットカードは 78 枚で構成され、そのうちの 22 枚を大アルカナ（メジャーアルカナ）と言います。

神秘学によれば、私たちの魂は神性な世界からやってきて、転生して何世もの人生を経験し神性な世界に回帰するそうです。

この大アルカナの絵図は、魂の成長の旅を表しています。実占においては、運命的、宿命的な出来事や霊的成長のプロセスを下記のように示します。

霊　界	15～21,0	魂の成長。神性と繋がるために魂のたどるプロセス。
心理界	8～14	心理的成長、心の昇華と浄化。精神的な成長のプロセス。
物質界	1～7	肉体の存続による学び。生きるために戦い成長するプロセス。

❀❖ この章で分かるコツ ❖❀

★カードごとの最重要キーワード8種類が分かる。
★絵柄から意味を読み解くコツが分かる。
★占目に応じた一言メッセージが分かる。

POINT 41 「0 愚者」は 無限の可能性

このカードは、私たちの中に込められている無限の可能性を示します。**過去にとらわれることなく自由に生きる**ことを教えてくれるでしょう。

Check① 正位置のキーワードはこれ！

自由	未経験
「0」	非凡

Check② 逆位置のキーワードはこれ！

無知	愚かさを知る
無計画	平凡

絵柄に注目！ 読み解く鍵はここにある！

若者は空を見ています。何もないところに未来の可能性を見出し、前進しています。

足元は崖のようです。道なき道を進む、若者の奇想天外な人生の可能性を示しています。

服には、花や果実が描かれています。彼は才能を開花させ、実現する力を身に付けているのです。

白い犬は純粋な忠誠心の象徴。主人を信頼しています。若者の偉大なる神への信頼を意味します。

第Ⅴ章　大アルカナで問題の運命を読み解くコツ

さらに！ こんな占目に出た時の、一言メッセージはこれだ！

- 総合　正　既成概念にとらわれない自由な心でいることが開運のコツよ。
- 　　　逆　夢はあなたを前進させる原動力。大志を持とう！
- 恋愛　正　束縛しないで、自由で気ままな関係がベスト。
- 　　　逆　個性を出しすぎると、変わり者だと思われそうよ。
- 仕事　正　やりたいことなら、未経験でもチャレンジしてみて。
- 　　　逆　夢を追うより、今は現実を見ることが大切よ。

ワンモアアドバイス　未経験の事柄に関する占いでは、可能性を示しますが、継続し安定させたい事柄に対しては、不安定さをもたらすカードです。

「Ⅰ魔術師」は
創造性

[魔術師]は**才能の表現**を意味します。自分の中にある可能性を開花させる時が来ました。表現する準備は整っています。

Check①　正位置のキーワードはこれ！
- 始まり
- 創造性
- 有機的
- 器用

Check②　逆位置のキーワードはこれ！
- 遅い展開
- 嘘
- 狡猾さ
- 知識不足

絵柄に注目！　読み解く鍵はここにある！

彼は天と地を指しています。バトンを振り下ろすと、地上界に世界が創造されることを示しています。

テーブル上には物質界を構成する四大要素を表す四つの象徴が置かれ、用意が整っています。

頭上に描かれた∞は、人間の可能性と能力が無限に拡大されることを意味します。

天にも地にも描かれている豊かな花は、彼の才能が開花していることを示しています。

さらに！　こんな占目に出た時の、一言メッセージはこれだ！

- 総合　正：スタートの時です。新しく始めたことは順調に進みます。
- 　　　逆：もっと勉強し、知識や技術を磨こう。
- 恋愛　正：新しい出会いでも、会話が弾み進展しそうよ。
- 　　　逆：飽きないように、楽しい会話を心がけよう。
- 仕事　正：話す仕事や手先を使う仕事で才能を活かせそう。
- 　　　逆：誠意を持って取り組むことが大切よ。

ワンモアアドバイス　[Ⅰ魔術師]の創造性は、アイデアや企画など、形のない創造を示しています。物質的な創造は、[Ⅲ女帝]で表現されています。

第Ⅴ章　大アルカナで問題の運命を読み解くコツ

POINT 43 「II 女司祭長」は
神秘

[女司祭長] は、**女性の持つ感受性の強さと受容力の象徴**。優しく光を放つ月のように神秘的で、静かに私たちを見守る聖母のような神聖な存在です。

Check① 正位置のキーワードはこれ！
- 神秘
- 受動性
- 二元性
- 学問

Check② 逆位置のキーワードはこれ！
- 潔癖
- 繊細
- 神経質
- 俗世離れ

絵柄に注目！　読み解く鍵はここにある！

- 背景に多産の象徴、ザクロが描かれ、カバラの叡智である「生命の木」に配されています。
- 月と太陽をモチーフにした冠は、エジプト神話の魔術の達人、女神イシスの冠です。
- 黒と白の柱の「J＝ヤヒン」「B＝ボアズ」は、光と闇、愛と試練、陰陽など、二元性を示しています。
- 足元に描かれた月には、神秘、母性、受容性というメッセージがあります。

さらに！　こんな占目に出た時の、一言メッセージはこれだ！

- 総合　正　静かな時間を持って、考えるのによい時です。
- 　　　逆　環境に順応するのがなかなか難しい時です。
- 恋愛　正　真面目過ぎる部分を少し軽くすると、恋愛チャンスが。
- 　　　逆　受け身ばっかりだと、なかなかうまく進まないよ。
- 仕事　正　事務系の仕事で才能を発揮しそう。
- 　　　逆　仕事に私情が影響しないように気をつけて。

ワンモアアドバイス　学問に関する事柄には良いカードで、精神性を高めることには良いのですが、世俗的な事柄には引っ込み思案な性質を意味します。

第V章　大アルカナで問題の運命を読み解くコツ

「Ⅲ女帝」は 母なる大地

[女帝] は、**愛と生命エネルギーに満ちた母なる大地の象徴**です。与えられた現状を受け止め、育みます。母性愛のあふれるカードです。

Check① 正位置のキーワードはこれ！
- 豊かさ
- 母性
- 繁栄
- 美的表現

Check② 逆位置のキーワードはこれ！
- わがまま
- 怠惰
- 執着
- 贅沢

絵柄に注目！ 読み解く鍵はここにある！

- 自然と愛に包まれ、ゆったりとした服装で、リラックスできる椅子に座っています。
- 足元のハート型の盾には「愛、調和、美、物質」をテーマとする金星のマークが施されています。
- 王冠の12の星は、12星座を象徴。宇宙のエネルギーを冠し、地上に生命を育みます。
- 足元に実った黄金の麦の穂と、背景の清流と深い森は、生命エネルギーに満ちています。

さらに！ こんな占目に出た時の、一言メッセージはこれだ！

- 総合　正　物質的にも精神的にも充実している時ですね。
- 　　　逆　満たされるためには、求め過ぎないことが大切。
- 恋愛　正　女性的な魅力が輝き、愛され、幸せに満ちています。
- 　　　逆　わがままになり過ぎないで、やさしさをアピールして。
- 仕事　正　女性的な感性を仕事で活かすと成功しますよ。
- 　　　逆　甘えを捨てて、現実を受け入れることで乗り切れます。

ワンモアアドバイス　女性的な魅力や感性がポイント。このカードが恋愛で出れば、幸せな結婚が期待できたり、愛に満たされていることが分かります。

第Ⅴ章　大アルカナで問題の運命を読み解くコツ

POINT 45

「IV 皇帝」は
偉大なる父

［皇帝］は、［III女帝］の生み出した地上の世界の支配者で、この物質界を掌握して、守っていく父性的な強さを示しています。

Check①
正位置のキーワードはこれ！
- 地位
- 権力
- 自信
- 父性

Check②
逆位置のキーワードはこれ！
- 権威的
- 虚勢
- 栄枯盛衰
- 老化

絵柄に注目！ 読み解く鍵はここにある！

- 椅子の牡羊のレリーフは、勇敢さを象徴し、リーダーシップを意味しています。
- 右手の金星をかたどった錫、左手の黄金の珠は、それぞれ物質界の掌握を意味しています。
- 鎧を着ている皇帝の姿は、高い地位についてもなお、戦い続けていることを表しています。
- 彼の後ろに描かれている岩山の意味するものは、権力闘争の不毛さと孤独です。

さらに！ こんな占目に出た時の、一言メッセージはこれだ！

- 総合　正　成功の時。努力が実って良い結果が出そうです。
- 　　　逆　権力よりも実力を行使して、物事に取り組もう。
- 恋愛　正　年上の人や仕事ができる人に魅かれる時。
- 　　　逆　孤独がいやなら、強がらないで。ありのままを認めること。
- 仕事　正　出世運です。やりがいがあり、充実しています。
- 　　　逆　力が衰えています。今は踏ん張り時ですね。

ワンモアアドバイス　大アルカナの中で、社会的成功や社会的名誉を示すカードです。仕事運を占う時に出ると、成功を意味する良いカードです。

第V章　大アルカナで問題の運命を読み解くコツ

「Ⅴ 法王」は 神聖な教師

［法王］は、人を導いて、教えを伝え、心の豊かさを育みます。私たちに知恵を授け、人間性を育てる教師です。

Check①　正位置のキーワードはこれ！
- 伝導
- 援助
- 結束
- 儀式

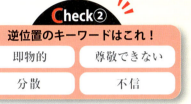

Check②　逆位置のキーワードはこれ！
- 即物的
- 尊敬できない
- 分散
- 不信

絵柄に注目！　読み解く鍵はここにある！

三重の冠、三重の十字架を手にした偉大な法王により、宣教師たちが祝福を受けています。

宣教師の服のユリとバラの柄は、神聖な象徴。陰陽を二つの花で示しています。

三人の構図は、一つの教えの元に、結束する力を意味しています。彼らは神聖な絆で結ばれています。

置かれた鍵は、天国の扉を開ける鍵。正しい教えにより、天界に導かれることを示します。

第Ⅴ章　大アルカナで問題の運命を読み解くコツ

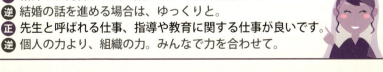

さらに！　こんな占目に出た時の、一言メッセージはこれだ！

- 総合　正　尊敬できる先生に出会い、指導してもらえそう。
- 　　　逆　精神の充実より、まず物質的欲求を満たす時。
- 恋愛　正　紹介やお見合いで良い話がありそう。良縁です。
- 　　　逆　結婚の話を進める場合は、ゆっくりと。
- 仕事　正　先生と呼ばれる仕事、指導や教育に関する仕事が良いです。
- 　　　逆　個人の力より、組織の力。みんなで力を合わせて。

ワンモアアドバイス　このカードは、神聖な儀式、イニシエーションを象徴します。結婚式や法事など、いろいろな宗教的な儀式を示す場合があります。

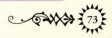

POINT 47 「Ⅵ 恋人たち」は 選択

このカードは、経験も知識も少ない若者が、好奇心のままに選択することを意味します。若さ、好奇心の持つさまざまな質を示しています。

Check① 正位置のキーワードはこれ！
- コミュニケーション
- 選択
- 若さ
- パートナーシップ

Check② 逆位置のキーワードはこれ！
- 未熟
- 優柔不断
- 軽率
- 離別

絵柄に注目！ 読み解く鍵はここにある！

- 知恵の果実を食べる前の人間、無知で恥じらいを知らないアダムとイブが描かれています。
- イブの後ろの知恵の木に、悪魔の化身である蛇が巻き付いて、イブをそそのかしています。
- 神の庇護の元、二人を保護する天使は、知恵の天使・大天使ラファエルと言われています。
- アダムの視線はイブへ、イブの視線は天使へと、それぞれの興味の対象に向けられています。

第Ⅴ章　大アルカナで問題の運命を読み解くコツ

さらに！ こんな占目に出た時の、一言メッセージはこれだ！

- 総合　正　いろいろな物事に関心を持ち、好奇心旺盛な時です。
- 　　　逆　気が変わりやすいので、長期計画や大きな決断は避けて。
- 恋愛　正　ときめく恋の予感。ロマンチックな出会いに期待できそう。
- 　　　逆　好奇心から始まる恋。最初はいいけど、すぐに飽きるかも…。
- 仕事　正　情報や流行に関係した、変化の多い仕事が良さそう。
- 　　　逆　アルバイトやパート、短期の仕事に良い時期よ。

ワンモアアドバイス
［恋人たち］の伝統的な絵柄は、一人の男性の前に若い女性と年配の女性が描かれ、母か恋人かというジレンマを示すデザインです。

「VII 戦車」は 前進

POINT 48

勇敢な若者のエネルギーを示す［戦車］のカード。彼は、自分の可能性を試すために力を付け、挑戦し、前進し続けます。

Check① 正位置のキーワードはこれ！
- 前進
- 勝利
- 挑戦
- 自立

Check② 逆位置のキーワードはこれ！
- 失敗
- 敗北
- 後退
- 暴走

絵柄に注目！ 読み解く鍵はここにある！

- 肩当ての月の顔は、向かって右は笑い、左は怒っています。彼の情緒の不安定さを示しています。
- スフィンクスが引く戦車に乗る若者は、知力、体力、腕力の全てが充実した状態を示しています。
- 垂とベルトに象形文字と占星術の記号が描かれ、それらの知識を身に付けていることを示してします。
- 若者は自分の可能性を試すために、安全で守られた彼の町を出て、旅立っていきます。

さらに！ こんな占目に出た時の、一言メッセージはこれだ！

- 総合
  - 正 挑戦する時です。前進することで勝ち進むことができます。
  - 逆 勢いだけでは勝てない時。実力をつけることが大切です。
- 恋愛
  - 正 ライバルのいる恋でも大丈夫！ 積極的になりましょう。
  - 逆 好印象で順調な恋の進展には、一方的になり過ぎないこと。
- 仕事
  - 正 新規ビジネスに良い時。積極的に事を進めていきましょう。
  - 逆 やる気と勢いでは乗り越えられない時。実力をつけよう。

ワンモアアドバイス
このカードは、恋愛占いに出てくると、理想の男性を示します。勇敢で知的な、強くて美しい男性を表すカードです。

第Ⅴ章 大アルカナで問題の運命を読み解くコツ

POINT 49

「Ⅷ 力」は 精神力

女性で表された[力]というカードは、恐れを受容する心の強さを示しています。恐れと戦うのではなく、それを受け容れ克服する強さを意味します。

Check①　正位置のキーワードはこれ！
- 意志力
- コントロール
- 受容力
- 克服

Check②　逆位置のキーワードはこれ！
- 制御できない
- （恐怖に）負ける
- 意志が弱い
- 無気力

絵柄に注目！　読み解く鍵はここにある！

- 頭上の∞は、人間の持つ質が動物的な意識を超え、無限に高められることを示しています。
- 女性は理性、ライオンは野性を示し、2つの質は、優しく花の鎖で繋がっています。
- 背景の黄色は、神の祝福や知恵を象徴します。同時に、意志力や意欲も示します。
- 本能的なエネルギーを示すライオンは、優しく彼女に受け止められ、素直に従っています。

さらに！　こんな占目に出た時の、一言メッセージはこれだ！

- **総合**
  - 正　勇気を出そう。今は課題を克服する時です。
  - 逆　恐れなければ、怖くはありません。自分の力を信じて。
- **恋愛**
  - 正　障害や困難な事があっても、克服できる強さがあります。
  - 逆　相手をコントロールしようとしないで、受け入れること。
- **仕事**
  - 正　難しい仕事ほど、やり甲斐と充実感を得るでしょう。
  - 逆　避けられない問題ですから、勇気を持って向き合うこと。

ワンモアアドバイス
[Ⅶ戦車]での勝利は、外側の敵に対しての勝利。[Ⅷ力]の勝利は、内なる敵、つまり自分自身の弱気に対しての勝利を意味します。

第Ⅴ章　大アルカナで問題の運命を読み解くコツ

「IX 隠者」は 探究心

POINT 50

[隠者]は、不老不死薬をもたらす賢者の石を探す人物です。自己の成長のための探求は、年老いても一生を通して行われるのです。

Check① 正位置のキーワードはこれ！
- 真理の探求
- 非社会的
- 内向的
- 精神性

Check② 逆位置のキーワードはこれ！
- 疎外感
- 厭世観
- 孤独
- 隠れる

絵柄に注目！ 読み解く鍵はここにある！

隠者が手にしているランプには、叡智の象徴である六芒星（ヘキサグラム）が輝いています。

隠者が身にまとっているフード付コートは、外界を避け、自分の内側に意識を向ける象徴です。

黄色い杖は、脳と脊髄に流れるエネルギーを意味します。神経は神のエネルギーの通る道です。

隠者のいる場所は、人里離れた雪の残る高い山。地上で最も天に近い場所、聖地を意味します。

さらに！ こんな占目に出た時の、一言メッセージはこれだ！

- **総合**
  - 正 自分の心の声に従い、自分のこだわりを追い求めること。
  - 逆 日常の煩わしいことから離れ、自分の世界を持とう。
- **恋愛**
  - 正 内緒の恋は、人目を避けて育むことができそうよ。
  - 逆 恋人が欲しいなら、街に出て、出会いを求めよう。
- **仕事**
  - 正 納得のいく仕事をしよう。技術の向上に意識を向けよう。
  - 逆 自分の考えややり方を理解してもらうように努力しよう。

ワンモアアドバイス　[隠者]と言う言葉の通りこのカードは、物事の善し悪しに関わらず、隠したいことがある場合に隠し続けられることを示します。

第V章　大アルカナで問題の運命を読み解くコツ

POINT 51

「Ⅹ 運命の輪」は 運命的なタイミング

このカードは、時間やタイミングを象徴します。一つの生涯を越え、前世または来世からの影響、運命の変化を意味します。

Check①　正位置のキーワードはこれ！
- 好機
- サイクル
- 展開
- 許可

Check②　逆位置のキーワードはこれ！
- 不運期
- タイミングが悪い
- 遅れる
- 因果応報

絵柄に注目！　読み解く鍵はここにある！

WHEEL of FORTUNE.

四隅に描かれた雲に乗る精霊は、聖書を開いています。神聖な宇宙エネルギーの象徴です。

雲は神秘のベール。物質界を超えた世界、神の世界からの働きかけがある時、この雲が描かれます。

車輪には、ユダヤ教の真理の書「TORA」と、神の名の聖四文字が記されています。

エジプトの神アヌビスは、魂をあの世へと導きます。スフィンクスは番人、蛇は悪魔を象徴します。

第Ⅴ章　大アルカナで問題の運命を読み解くコツ

さらに！　こんな占目に出た時の、一言メッセージはこれだ！

- 総合　正　チャンスです。物事が順調に展開していくでしょう。
- 　　　逆　今は運が下がっていますが、良い運はまた巡って来ます。
- 恋愛　正　運命的な出会いです。順調に交際が進むでしょう。
- 　　　逆　すれ違いやすい時ですが、めげないように気分転換して。
- 仕事　正　自分の才能を活かすチャンスが回ってくるでしょう。
- 　　　逆　景気などの状況を観察しながらチャンスを見極めましょう。

ワンモア アドバイス　ずばり答えを知りたい時、正位置は吉、逆位置は凶です。スプレッドに出た位置が、リーディングの運命を動かす鍵となります。

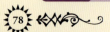

「XI 正義」は モラル

POINT 52

このカードは、**正しい知識を持って、識別する**ことを意味します。正義の女神は、全ての人に対して平等で公平に判断するのです。

Check①　正位置のキーワードはこれ！
- バランス
- 公正
- 秩序
- 人間関係

Check②　逆位置のキーワードはこれ！
- アンバランス
- 公私混同
- 両立不可
- 板挟み

絵柄に注目！　読み解く鍵はここにある！

- 剣は理性の象徴。両刃の剣は、真っ直ぐに立てられ、自他ともに正すことを意味します。
- カードに描かれている二本の柱の構図は、神聖な場所、そして門を象徴しています。
- 受容の手である左手に持たれた天秤は、平等と公正さを象徴しています。
- 赤は自己主張、魔除けの色です。彼女の、悪に対する揺るぎない強さ＝正義を示しています。

第Ⅴ章　大アルカナで問題の運命を読み解くコツ

さらに！　こんな占目に出た時の、一言メッセージはこれだ！

- 総合　正：法律や秩序に基づいて正しく物事が進む時です。
- 　　　逆：気持ちの迷いを断ち切る、強い意志が必要です。
- 恋愛　正：良縁です。お互いが尊敬しあい、バランスが取れています。
- 　　　逆：八方美人でいるより、一人の人に誠実な愛を示そう。
- 仕事　正：取引や契約は成立し、相互利益が得られるでしょう。
- 　　　逆：社会のためになり、正しいことであるならば、成功します。

ワンモアアドバイス　法的、行政的な事柄や手続きに関しての占いでは、順調にいくことを示しています。また、恋愛では入籍など、法的な事柄を意味します。

POINT 53

「XII 吊られた男」は 試練

このカードは、試練を受け容れて気付きを得ること、受難を象徴しています。試練により自己を向上させることを意味します。

Check① 正位置のキーワードはこれ！
- 試練
- 奉仕
- 見方を変える
- ひらめき

Check② 逆位置のキーワードはこれ！
- 忍耐
- 我慢の限界
- 妄想
- 自己犠牲的

絵柄に注目！ 読み解く鍵はここにある！

木に吊るされた男は、磔刑になったイエスキリストの贖罪を彷彿とさせ、自己犠牲を意味します。

逆さ吊りになり、天地逆転しています。視点が変わることにより気付くことがあることを示します。

北欧神話の神オーディンは、世界樹ユグドラシルに自らを吊るし、ルーン文字の秘密を得ました。

身動きの取れない苦しい状態ですが、後光が差して、微笑んでいます。これが表すのは気付きです。

さらに！ こんな占目に出た時の、一言メッセージはこれだ！

- 総合 正 問題から逃げても答えは得られない。忍耐の時です。
- 　　 逆 考え方を変えて、客観的に物事を見る必要があります。
- 恋愛 正 尽くす恋。相手の幸せがあなたの幸せになるでしょう。
- 　　 逆 愛があれば何をしても許されるというわけではないのです。
- 仕事 正 利益よりも、精神的な充足感を得るでしょう。
- 　　 逆 我慢しても良くはなりません。辛いことは終わらせましょう。

ワンモアアドバイス
男が手を隠していることから、「手の内を隠す、奥の手がある」と言うリーディングをすることができます。

第Ⅴ章　大アルカナで問題の運命を読み解くコツ

「XIII 死神」は
終末

老若男女、死はこの世に生まれたもの全てに訪れる自然の摂理。このカードは、**物事の終わりを象徴**し、魂の移行を意味します。

Check① 正位置のキーワードはこれ！

- 終末
- 変容
- 衰弱
- 潮時

Check② 逆位置のキーワードはこれ！

- 終止
- 移行
- 違う世界
- 縁が切れる

絵柄に注目！　読み解く鍵はここにある！

死神の馬はゆっくりと歩んでいます。死神は命を奪うものではなく、霊界に魂を運ぶのです。

法王、王、乙女、子どもが描かれ、死は老若男女、身分や信仰に関係なく訪れることを表します。

背景には三途の川が描かれ、柱の奥の向こう岸に、生命力を示す太陽が沈んでいきます。

ホルンが描かれています。音楽のバイブレーションは、死者をあの世へと導いてくれます。

第Ⅴ章　大アルカナで問題の運命を読み解くコツ

さらに！ こんな占目に出た時の、一言メッセージはこれだ！

- 総合
  - 正　良いことも悪いことも、物事がだんだん衰えていきます。
  - 逆　生まれ変わる時。生き方や価値観などが変わる時です。
- 恋愛
  - 正　相手と距離を取るほうがいい時期です。
  - 逆　縁を切りたいなら、自然消滅へ。連絡を取らないで。
- 仕事
  - 正　整理、縮小する方向に事を進めると、うまくいきます。
  - 逆　新たな展開には時期尚早。現状の成り行きを見届けて。

ワンモアアドバイス　[死神]は、旅行を示すカードとしてしばしば出てきます。自分の今いる場所から遠くへ行く時に、出現します。

POINT 55

「XIV 節制」は 節度正しく

［節制］とは、キリスト教の4つの徳の一つ。このカードは、天使が天の大いなる法則に従い、魂を浄化し、魂が来世へと移行することを象徴します。

Check❶ 正位置のキーワードはこれ！
- 自然
- 純粋さ
- 浄化
- 環境

Check❷ 逆位置のキーワードはこれ！
- 汚染
- 不浄
- 隙のなさ
- 非客観性

絵柄に注目！ 読み解く鍵はここにある！

この天使は、悪魔に闘いを挑んだ光の天使。天使のリーダー・大天使ミカエルと言われています。

光があり、空気があり、水があり、緑がある自然の豊かさは、自然摂理と浄化力を意味します。

天使は古い器から新しい器へ神聖なエネルギーを移しています。そこには一滴の無駄もありません。

水と地に触れた足は、心理的、物質的要素に触れながらも、はまり込まないことを示しています。

さらに！ こんな占目に出た時の、一言メッセージはこれだ！

- 総合 正 物事は、時間とともに良い方に進んでいきます。
- 　　 逆 規則正しく物事を進め、無駄を上手に省きましょう。
- 恋愛 正 以心伝心、お互いの気持ちが伝わり合う時。
- 　　 逆 相手の真心を受け止めることを意識しよう。
- 仕事 正 無駄のない、正確な仕事を順調にこなせそう。
- 　　 逆 使命感や意義を持ちつつも、厳しくなり過ぎないように。

ワンモアアドバイス 大アルカナの天使が描かれたカードが出てきたら、天使など霊的存在からのサポートがある、とリーディングすることもできます。

第Ⅴ章 大アルカナで問題の運命を読み解くコツ

「XV 悪魔」は
欲望

POINT 56

このカードは、自然の秩序を超える人間の欲望を象徴しています。［悪魔］は錬金術により、さまざまな欲望を叶えようとしているのです。

Check① 正位置のキーワードはこれ！
- 執着
- 欲望
- 堕落
- 苦悩

Check② 逆位置のキーワードはこれ！
- 努力
- 悪化
- 破滅への道
- 中毒

絵柄に注目！ 読み解く鍵はここにある！

ヤギの角、こうもりの羽、鳥の足の悪魔は、この世に存在する生き物を合わせて作られた偶像です。

角としっぽを持つ男女は、人間の中にある理性や知性よりも、獣性が顕現していることを表します。

背景色の黒は絶望の闇を象徴。闇の中、悪魔の持つ松明の光が彼らを呼び寄せました。

人間の首に掛けられた鎖は外せそうですが、彼らは自ら悪魔に手を伸ばし、逃げようとしません。

さらに！ こんな占目に出た時の、一言メッセージはこれだ！

- 総合 正 強い執着心が、あなたを苦しめている原因かも。
- 　　 逆 自分で止められないなら、誰かに助けを求めましょう。
- 恋愛 正 魅力的な相手だけど、好きになると苦しい恋になりそう。
- 　　 逆 性的な関係が二人の心を繋ぎとめます。
- 仕事 正 美味しい話には落とし穴がありそう。注意して。
- 　　 逆 違法性のあるごまかし、裏取引など、企みが潜んでいそう。

ワンモアアドバイス こだわりを持って努力をしている人にも出やすいカードです。仕事占いでは、その人の属す組織に問題があることを示します。

第Ⅴ章 大アルカナで問題の運命を読み解くコツ

POINT 57

「XVI 塔」は
崩壊

人間の欲望は際限がなく、強すぎる欲望や驕りは破滅を招きます。神は私たちを救済するために、時に破壊的になるのです。

Check①
正位置のキーワードはこれ！

破壊	アクシデント
ショック	性的刺激

Check②
逆位置のキーワードはこれ！

事故処理	組織の破綻
権威の失墜	スキャンダル

絵柄に注目！ 読み解く鍵はここにある！

崩壊する塔、弾かれる王冠。物質社会の権力は大いなる神の力の前では無力でもろいものです。

旧約聖書のバベルの塔をモチーフにしたカード。人間の驕りは、自らの内なる神性をさまたげます。

天からの稲光は、神のエネルギーの象徴です。神聖な光によって人間を正しい進化へと導きます。

夜の塔で密会する男女は、道ならぬ恋を意味します。落雷により関係が露呈され、落ちていきます。

さらに！ こんな占目に出た時の、一言メッセージはこれだ！

- 総合 正 アクシデント、ハプニングに備えておきましょう。
- 　　 逆 ショックから無理に立ち直ろうと急がないで。大丈夫です。
- 恋愛 正 ケンカを避けたいなら、性的欲求を満たすこと。
- 　　 逆 不倫や三角関係を解消することで、開運します。
- 仕事 正 組織再編制の時。会社の実情と現状をしっかり見極めよう。
- 　　 逆 不正の発覚、倒産などによる連鎖的な影響に注意して。

ワンモアアドバイス　スプレッドに［塔］のカードが出たら、占った時点、または占った内容の行動を起こす直前直後に、事態の急変が起こりやすいです。

第V章　大アルカナで問題の運命を読み解くコツ

「XVII 星」は 希望の光

［星］は、私たちに希望の光を惜しみなく与えてくれます。それは、決して燃え尽きることの無い永遠の光、叡智に満ちた光明なのです。

Check① 正位置のキーワードはこれ！
- 希望
- 願望実現
- アイデア
- 目標

Check② 逆位置のキーワードはこれ！
- 理想が高い
- 博愛
- 無駄が多い
- 目標設定

絵柄に注目！ 読み解く鍵はここにある！

古代エジプトでは、恒星シリウスでナイル川の氾濫を予測。星を司る女神は豊穣の地母神イシスです。

輝く星を金星とすると、女性はメソポタミアの戦いの女神イシュタル。性愛と出産の女神です。

水瓶を持つ女性は、水瓶座を連想させます。「博愛、平等、理想、アイデア」が、水瓶座の意味です。

足は水と陸にあり、陰陽のバランスを取り、水と陸に叡智と生命のエネルギーを注いでいます。

さらに！ こんな占目に出た時の、一言メッセージはこれだ！

- 総合 正 夢は叶います。新しい大きな目標を持とう。
- 　　　 逆 目標を正しく設定することで、願望を実現できるでしょう。
- 恋愛 正 束縛しないで、お互いの個性を尊重できる恋愛ができそうよ。
- 　　　 逆 お付き合いするより、憧れのままでいるほうがいいでしょう。
- 仕事 正 ひらめきやアイデアに満ちて、夢を持って仕事ができそう。
- 　　　 逆 時代の先端に関係する技術の導入にいいでしょう。

第V章 大アルカナで問題の運命を読み解くコツ

ワンモアアドバイス
占星術において、金星には「理想の女性」という意味があります。タロットカードの［星］も、理想の女性を示します。

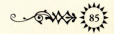

POINT 59

「XVIII 月」は
迷い

[月]は、移ろいやすい心理的な要素を意味します。具体的な問題というより、抽象的な**迷いや不安、煩悩**を象徴します。

Check① 正位置のキーワードはこれ！

不安	迷い
霊感	曖昧さ

Check② 逆位置のキーワードはこれ！

不安の解消	潜在意識
隠れた敵	本能

絵柄に注目！ 読み解く鍵はここにある！

月は、心を象徴します。柱の向こうに続く道が見えるものの、先へ進むことへの不安を表しています。

池で表された潜在意識から、ザリガニが出てきています。この忍び寄る敵に、犬と狼は気付きません。

月が放射する光は日食を表しています。心の迷いが、人間の本質を覆ってしまうことを意味します。

犬と狼が、月に遠吠えしています。月は生命のリズムを司り、人間の動物的資質に働きかけます。

さらに！ こんな占目に出た時の、一言メッセージはこれだ！

- 総合 正 何が不安なのか、冷静に自分の心を見つめましょう。
- 　　 逆 「分からない」という不安感は、解消されてゆくでしょう。
- 恋愛 正 ムードに流されて、自分の本心を見失わないようにしよう。
- 　　 逆 三角関係や不倫の恋は、進めないほうがいいでしょう。
- 仕事 正 今の仕事は適職です。自信がなくても続けていきましょう。
- 　　 逆 何故ミスが起こるのか考えてみよう。答えが見つかります。

ワンモアアドバイス 人が描かれていないこのカードは、人間の意識を超えた働きを示します。動物的な直観力、虫の知らせのような霊感を意味します。

第Ⅴ章 大アルカナで問題の運命を読み解くコツ

「XIX 太陽」は
成功

揺るぎない自己を示すこの［太陽］は、**生命活動であるエネルギーの放出、自己表現を示す**カードです。

Check① 正位置のキーワードはこれ！
- 生命力
- 成功
- 満足
- 自己表現

Check② 逆位置のキーワードはこれ！
- 自己中心的
- エネルギーのロス
- 大胆
- 子どもっぽい

絵柄に注目！ 読み解く鍵はここにある！

正面の顔が描かれた太陽は、正々堂々と正面から物事に向かう、揺るぎない自己を表しています。

元気な子どもは生命力の象徴。太陽の光に祝福されて手足を伸ばした姿は、無垢の解放を意味します。

勝利の赤い旗は、［XVIII月］で示された幽界から、産道を経て、個としての命を勝ち取った象徴です。

子どもは塀によって守られ、白馬によって運ばれています。順調に成長することを示しています。

さらに！ こんな占目に出た時の、一言メッセージはこれだ！

- 総合 正 楽しむことで、もっと大きな成功と祝福を得るでしょう。
- 　　　逆 子どもっぽい考えは捨てて、自分を成長させよう。
- 恋愛 正 ストレートで大胆な告白は、相手の心を動かし、成功します。
- 　　　逆 告白するなら夕暮れ時。空気を読むことが成功の秘訣です。
- 仕事 正 才能を発揮できる時。自分の技術や実績が認められそう。
- 　　　逆 控えめな方が、仕事がしやすくてうまくいきそうです。

ワンモアアドバイス　大アルカナの中で、もっとも吉祥を示すカード。［XVII星］の目標が、［XVIII月］の迷いを乗り越え、［XIX太陽］で達成され、発展します。

第V章　大アルカナで問題の運命を読み解くコツ

POINT 61

「XX 審判」は
最終判断

全ての人は裁きを受け、正しい信仰を持つ者には永遠の命が与えられます。［審判］のカードは、霊的な存在としての意識の覚醒を意味しています。

Check① 正位置のキーワードはこれ！
- 最終判断
- 復活
- 覚醒
- 覚悟

Check② 逆位置のキーワードはこれ！
- 最終決定
- 不変
- 諦め
- 家族

絵柄に注目！ 読み解く鍵はここにある！

永遠の命が与えられる者と地獄に行く者が裁かれるキリスト教の「最後の審判」がモチーフです。

棺は、箱舟のようにも見えます。正しい信仰をもつノアは、神の教えを守り、洪水から救われました。

ラッパを吹く天使は、イエス・キリストの受胎告知に現れた大天使ガブリエルと言われています。

男女と子どもは、男性性と女性性、自己の本質の目覚めと解放により悟りに至ることを意味します。

第Ⅴ章 大アルカナで問題の運命を読み解くコツ

さらに！ こんな占目に出た時の、一言メッセージはこれだ！

- 総合 正 覚悟を決めることで、新しいステージに導かれるでしょう。
- 　　 逆 答えは決まっているはず、結論を出すことから逃げないで。
- 恋愛 正 思い切って連絡することで、よりが戻るかも。
- 　　 逆 過去の恋愛にまつわる気持ちを解放し、次の恋へ進もう。
- 仕事 正 再生や医療に関わる仕事で、やりがいを感じそう。
- 　　 逆 出た結果は変わりません。それを受け容れて進むこと。

ワンモアアドバイス
天使がラッパを吹いていることから、告知や広告に関するカード。［XIII 死神］も［XX 審判］も時に音楽に関係するテーマがあります。

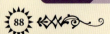

「XXI世界」は 完成

大アルカナ最後のカードである［XXI世界］は、**物事の完了**を示します。これにより因果の法則から解放され、宇宙とひとつになります。

Check① 正位置のキーワードはこれ！
- 完成
- ハッピーエンド
- 統合
- 円満

Check② 逆位置のキーワードはこれ！
- 未完成
- 努力の余地
- 不完全
- 不満

絵柄に注目！ 読み解く鍵はここにある！

- 牡牛座、獅子座、蠍座（鷲）、水瓶座が象徴する宇宙エネルギーは、四大要素の地、火、水、風に対応。
- 女性が喜びのダンスを踊っています。この女性は両性具有者で、完全な人間の質を意味します。
- 二つの∞のリボンを貫く月桂樹の輪、バトンを持つ左右の手は、二極の統合を示します。
- 月桂樹の輪に触れていない様子は、輪廻転生の輪から解放され、因縁解脱したことを意味しています。

さらに！ こんな占目に出た時の、一言メッセージはこれだ！

総合
- 正 万事うまくいき、円満に終わることができます。
- 逆 努力することで、成功することができるでしょう。

恋愛
- 正 結婚の話を進めるのに良い時です。
- 逆 いろいろな経験をしてから、結婚を決めると良いでしょう。

仕事
- 正 今までの努力が報われ、やり遂げられるでしょう。
- 逆 グローバルな意識を持って仕事をしよう。

ワンモアアドバイス このカードは、正位置に完成という意味があり、これ以上の発展は難しいです。逆位置の方が、努力により進展する余地があります。

第Ⅴ章 大アルカナで問題の運命を読み解くコツ

第Ⅵ章
小アルカナで
問題の詳細を読み解くコツ

POINT 63 「キング」は 成熟した権威者 …………………………… 92
POINT 64 「クィーン」は 受動的な女性性 ………………………… 93
POINT 65 「ナイト」は 活動的な男性性 …………………………… 94
POINT 66 「ペイジ」は 従順な子ども ……………………………… 95
POINT 67 「杖（ワンド）」は 生命活動のエネルギー ……………… 96
POINT 68 「聖杯（カップ）」は 受容性 …………………………… 98
POINT 69 「剣（ソード）」は 社会性 …………………………… 100
POINT 70 「金貨（ペンタクルス）」は 顕現されたもの ……… 102

タロットカード 78 枚の中の、56 枚を小アルカナ（マイナーアルカナ）と言います。小アルカナは、杖（ワンド）・聖杯（カップ）・剣（ソード）・金貨（ペンタクルス）という 4 つのスートで構成され、各スートは、1（Ace）～10 までの数札（ヌメラルカード）と、ペイジ、ナイト、クィーン、キングという 4 枚のコートカード（宮廷札）の、14 枚で構成されています。

　実占において、コートカードは人格的特徴や対人関係を表し、数札は小さな出来事を示します。

スート	要素 （エレメント）	星座のリンク	数札（40枚）	コートカード（16枚）
杖（ワンド）	火	牡羊座 獅子座 射手座	1～10	ペイジ ナイト クィーン キング
聖杯（カップ）	水	蟹座 蠍座 魚座		
剣（ソード）	風	双子座 天秤座 水瓶座		
金貨（ペンタクルス）	地	牡牛座 乙女座 山羊座		

❖❖ この章で分かるコツ ❖❖

★スートごとの最重要キーワード 4 種類が分かる。
★コートカードごとのキーワード 4 種類が分かる。
★カードごとのメッセージのポイントが分かる。

POINT 63

「キング」は成熟した権威者

キングは、権威者やその道の大家を示します。**社会的成功者や経験豊富な大人の男性**の象徴です。各スートによって、特徴や性格には個性があります。

Check① 正位置のキーワードはこれ！
- 自信
- 責任
- 権威
- エネルギー

Check② 逆位置のキーワードはこれ！
- 傲慢
- 暴君
- 信頼の無さ
- 権力の失墜

さらに！ 各スートが告げるメッセージのポイントはここ！

キング

杖（ワンド）
- 正：魅力と情熱で、人の心を動かす。会社で言えば創業者、スポーツで言えば監督。カリスマ的なエネルギーを持つ、パワフルな人物。頭領。
- 逆：自己顕示欲のために力を乱用する。人の注目を集めようとばかり考え、力で人を支配しようとし、自分の力を正しくコントロールできない。

聖杯（カップ）
- 正：慈悲深く、愛で人を導く。先生や師と呼ばれる、懐の深い教養のある人物。宗教家、芸術家、医師。精神的な指導者。海に関係する。
- 逆：聖職者が堕落することを示す。不正や汚職。感情や気分で物事を決める。えこひいき。物事に陶酔して現実に気付かない。現実離れ。

剣（ソード）
- 正：物事を見極める知性を持つ、公正で厳格な人物。高い知識と技術力を持つ、知的な職業。裁判官など司法を象徴。行政や高級官僚を示す。外科医。
- 逆：自分の独断で物事を決断、決行する。知識や情報で人を操作する。独裁者。無慈悲な人物。非情な行動。正しい判断ができない。間違った大義。

金貨（ペンタクルス）
- 正：財力があり、経済的に大きな力を持つ。資産家、投資家、経営者、株主。不動産の所有。土地との縁が強い。不動産や建築関係のボス。政治家。
- 逆：お金や物に対しての執着。物質的な事柄で心を満たそうとする。金権主義。古い考えにとらわれ、融通が利かない。強情さ。頑固。強いこだわり。

ワンモアアドバイス　スプレッド中に数枚のキングのカードが出ている場合、自己承認や存在価値、自己の存在をテーマにしていることを示します。

第Ⅵ章　小アルカナで問題の詳細を読み解くコツ

「クィーン」は 受動的な女性性

POINT 64

クィーンは、ウェイト版のコートカードの中で唯一の女性です。各スートごとに、**女性の立場や年齢ごとに変わるテーマや生き方**が示されています。

Check① 正位置のキーワードはこれ！
- 女性性
- 受容性
- 思考力
- 創造

Check② 逆位置のキーワードはこれ！
- 排他的
- 閉鎖的
- 感情的
- 保身

さらに！ 各スートが告げるメッセージのポイントはここ！

クィーン

杖（ワンド）

- 正：ひまわりを持っているのは、明るくて魅力的な人柄を象徴する。世話好きで、面倒見の良い女性。ワンドのクィーンは、女性の母性、母親を示す。
- 逆：自己主張の強い女性。自己顕示欲が強く、女王様気取り。口出しはしても、実際的な労働は嫌う。過干渉で、横着な女性。怠け者の女性。

聖杯（カップ）

- 正：閉じられたカップは、女性の処女性を象徴。未婚の女性、若く美しい女性を表す。内向的で感受性が強い、優しくて思いやりがある。
- 逆：感受性が強く、ネガティブな感情に陥り抜けられなくなる。鬱など精神不安定な状態。依存しやすい。現実逃避。閉鎖的で、他者や男性を受け容れられない。

剣（ソード）

- 正：未亡人を象徴するカード。離婚歴のある女性。知的で社交的な女性。キャリアウーマン。自分の人生を自分で決める強い意志と覚悟のある女性。
- 逆：左手は相手を受け容れ、右手には分けることを象徴する剣を持っており、出会いと別れを繰り返すことを意味する。女性の悲しみを象徴するカード。

金貨（ペンタクルス）

- 正：妊娠した女性を表す。スローライフや自然志向の女性を象徴。大地とつながり、自然の中に生きること。女性投資家。不労所得を得る女性。
- 逆：穏やかというより、鈍い女性。洗練されていない感性。閉鎖的な環境に留まり、視野が狭い女性。世間知らず。土地やお金、家に執着する女性。

第Ⅵ章　小アルカナで問題の詳細を読み解くコツ

ワンモアアドバイス　スプレッドに2枚のクィーンが出てくると、女性性に関してのテーマがある占いです。3枚以上出てくると、心の葛藤を示します。

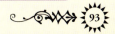

POINT 65 「ナイト」は活動的な男性性

ナイトは、キングになる前の地位の男性です。若い男性の活動的なエネルギーが示されており、物事に対しての取り組み方が表れています。

Check①　正位置のキーワードはこれ！
- 男性性
- 社会人
- 行動力
- 状況判断

Check②　逆位置のキーワードはこれ！
- 攻撃性
- 拡散
- 勢い任せ
- 経験不足

さらに！ 各スートが告げるメッセージのポイントはここ！

ナイト

杖（ワンド）

正：情熱的な青年。スポーツ関係の仕事。甲冑を着てはいるものの、着飾っているので、交渉などを象徴。馬が前足を上げているのは、飛躍を象徴する。

逆：青年実業家。短気で攻撃的な性格。勢い任せに物事を進めて失敗する。自己顕示欲が強く、人の注目を集めようとする。障害を越えられない。

聖杯（カップ）

正：優しく思いやりのある男性。紳士的な態度。サービス業、医療関係の仕事をする。感性豊かで、センスの良い男性。美男。プロポーズをする。

逆：不誠実で信用できない男性。頼りない男性。見た目は良いが浮気者。ひも。ムードに流されやすく優柔不断。お酒や薬物に依存する男性。

剣（ソード）

正：勇敢な青年。向かい風の中を進む。最先端の技術。一つの物事に集中し、突破していく強い意志。警察官など危険を顧みない、強い信念と使命感。

逆：無謀なチャレンジ。周りの物事が見えず、きちんと状況判断できない。危険を冒す。人の意見を聞かない男性。急ぐと、失うものがありそう。

金貨（ペンタクルス）

正：背景は耕されていて、土地の活用を意味する。手前の金貨より、先の方を見ていることから、お金の運用。誠実な男性。一つの場所で働く仕事。

逆：真面目だけど面白くない男性。不器用。垢抜けない男性。馬が止まっているところから、リードできない男性。実直だけど洗練されていない。オタク。

第Ⅵ章　小アルカナで問題の詳細を読み解くコツ

ワンモアアドバイス　ナイトは馬に乗っていますが、いつでも行動し、活動できる状態を示しています。馬の勢いには、それぞれのナイトの性格が現れています。

94

「ペイジ」は従順な子ども

POINT 66

ウェイト版のコートカードの男女比は、均等ではありません。ペイジという言葉は「ナイト見習い」という意味ですが、少年と少女を示すカードです。

Check① 正位置のキーワードはこれ！

未成年	継続
誠実さ	見習い

Check② 逆位置のキーワードはこれ！

未熟さ	不真面目
不誠実	非力

さらに！ 各スートが告げるメッセージのポイントはここ！

ペイジ

杖（ワンド）

正：天真爛漫で純粋な子ども。明るく活発で愛らしい子ども。元気で好奇心旺盛でいろんなことをしようとする。配達員。メッセンジャー。

逆：元気さが裏目に出て、ケガをしたり、ケンカしたりする子ども。かまって欲しかったり、目立ちたがりだったりして、いたずらなどで注目を集めようとする。

聖杯（カップ）

正：美しい子ども。想像力豊かな子ども。カップから魚が出てきているのは、アイデアが浮かぶことを示す。カップを差し出すことは、提案を表す。

逆：感受性が豊かで傷つきやすい子ども。不登校。空想の世界で遊ぶ。嘘つき。現実と空想、架空のものとの区別がつかない。現実逃避。霊感のある子ども。

剣（ソード）

正：物事を見極めるために、いろいろなことを学ぼうとしている学生。トレーニングを示す。注意深く状況を見ている。調査員。スパイ。

逆：経験が少ないので怯えている。用心深くて疑心暗鬼。人を信用できず、疑っている。知っている知識を振り回す、口の立つ子ども。すれた子ども。

金貨（ペンタクルス）

正：目標を掲げ、夢を実現するために健気な努力をする子ども。真面目でコツコツと継続する。計画を立てて進める。経済観念の発達した子ども。

逆：物やお金に釣られやすい子ども。目標があるのに、それに向けて努力の継続ができない。不真面目で、勉強よりも実利的なことに興味のある子ども。

第Ⅵ章　小アルカナで問題の詳細を読み解くコツ

ワンモアアドバイス

ペイジがスプレッド中に数枚出ると、経験の少ない子どもが集まった状態を表します。夢や憧れがあっても、推進力に欠けています。

POINT 67

「杖（ワンド）」は 生命活動のエネルギー

杖は、**純粋な精神**を象徴しています。杖からは葉っぱが出ています。葉は光合成をしてエネルギーを作り出すことから、自主性を示します。

Check①　正位置のキーワードはこれ！
- 生命力
- 情熱
- 戦い
- 能動性

Check②　逆位置のキーワードはこれ！
- 本能
- 野望
- 怒り
- 焦り

さらに！　各数字が告げるメッセージのポイントはここ！

	杖	正	逆
1		意欲ややる気のある状態。新しい始まり。成功をつかむ。権力を握る。遺産相続。バトンが回ってくる。采配をふるう。指揮をとる。直感。純粋なスピリット。	力の乱用。力をコントロールできない。力を正しく使えない。やる気だけあって空回り。力不足。暴力。圧倒される。動きについていけない。相続問題。
2		社会的成功。名誉。高い地位。グローバルな考え方。海外。ビジネスなどが大きく展開する。野心家。二者択一。分離。何かに背を向ける。	成功のために犠牲が伴う。仕事のし過ぎで体を壊す。選択しなければならない。顧みない。余裕がない。不安。分裂。危惧。過重がかかる。孤独。
3		明るい未来。将来を展望する。広い視野。高いところからの眺め。見渡す。意欲。貿易。取引。ビジネスの展望。遠方。海外。旅行。バックアップ。後見人。	このカードは、逆位置も正位置も大きく変わらない。遠くからの眺め。
4	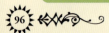	歓迎する。招待。結婚。迎え入れる。門出。送り出す。祝福を受ける。お祝い事。もてなし。パーティー。ガーデニング。装飾。のどか。戸建。大きな家。	開いていても入りにくい。受け入れてもらえない。出発が遅れる。装飾過剰。贅沢。浪費。近隣の住人との不和。有閑。郊外。実家や故郷を懐かしむ。

ココをおさえて

［杖8］のように人物の描かれていないカードは、人の力が関与できない要素を示します。［杖8］の場合は、時間の流れをテーマとしています。

第Ⅵ章　小アルカナで問題の詳細を読み解くコツ

[杖]

5
- 正：スポーツなどの試合。仲間。訓練。競争。討論。切磋琢磨。紛争。訴訟。交渉。葛藤。個性の違いからの対立。協力して何かをしようとする。忙しい。
- 逆：もめ事が落ち着く。意見や考えがばらばらでまとまらない。意識の分散。一時休戦。やる気の喪失。談合。雨降って地固まる。訴訟に負ける。慌てる。

6
- 正：良い知らせを運ぶ。ビジネスの成功。前進。勝利。ウイニングラン。応援がある。仲間と協力しながら物事を進める。契約成立。友情。未来への投資。
- 逆：前進できない。進むことへのためらい。負けることを恐れる。自信が持てない。足踏み状態。勝負に対する不安。応援がない。一人で事を進める。

7
- 正：有利な立場。孤独な争い。ライバルに差をつける。一人勝ち。上位に立つ。生存競争に勝つ。商品などの差別化。才能などが抜きん出る。競り勝つ。
- 逆：苦しい戦い。追いつめられる。気の抜けない状態。後がない。敵にやられる。ライバルと差がない。味方がいない。ライバルに負ける。低レベルな争い。

8
- 正：変化。速い動き。時の流れ。時間の経過が必要。勢いよく進む。動きがある。物事が繰り返し続く。何度も繰り返して成功。愛の告白。物流。輸送。
- 逆：遅い。動きがない。不活性。停滞。連なる。滞り。勢いがなくなる。成り行き任せ。投げやり。すでに行ったことの結果待ち。時間が長く感じられる。

9
- 正：準備を整える。相手の出方を見る。様子をうかがう。緊張状態。今はじっと待つ時。防御を固める。慎重さ。気合いを入れる。警戒する。臨戦状態。
- 逆：出遅れる。敵などからの不意打ち。準備不足。後れを取る。用心深くてチャンスを逃す。出鼻をくじかれる。無防備。動けずに何もできないでいる。

10
- 正：プレッシャー。負担。苦しくても最後までやり遂げる。余裕がない。これ以上負担できない。手一杯。苦痛。我慢できない。ゴールまであと少し。
- 逆：抱え込んでいたものを手放す。一人では持ちきれない。我慢の限界。終わり。壊れる。やめる。苦しみからの解放。挫折。最後までやり遂げられない。

第Ⅵ章　小アルカナで問題の詳細を読み解くコツ

ワンモアアドバイス　スプレッドにたくさんの杖が出てきた場合、相談者は情熱に満ちた状態です。行動力があり、積極的に事を進めようとしています。

POINT 68 「聖杯（カップ）」は 受容性

聖杯は、水を受容します。水が象徴するものとは、感情的・情緒的エネルギー、喜びや憂いなどです。聖杯は、**愛情を受け止める器**なのです。

Check①　正位置のキーワードはこれ！
- 受容性
- 感情
- 満足
- 受動性

Check②　逆位置のキーワードはこれ！
- 陶酔
- ウェット
- 不満
- 妄想

聖杯

さらに！　各数字が告げるメッセージのポイントはここ！

1
- **正**　愛の始まり。受け入れることで始まるスタート。結婚。妊娠。出産。幸福。溢れる愛情。感情の浄化。いろいろな物事を受容できる器の大きさ。豊かな感性。
- **逆**　情に流される。愛することへのためらい。恋に溺れる。盲目的な一目惚れ。ムードに流される。無駄使い。与え過ぎと求め過ぎ。何でも受け入れ過ぎ。

2
- **正**　結婚。恋愛。婚礼。結婚式。ロマンス。友情。友好的な関係。パートナーと向き合う。協力し合う。お互いに求め合う。二人の約束。二人の絆。統合。
- **逆**　逆位置は、正位置と同じ意味だが、正位置より意味が弱い。友好関係にヒビが入る。移ろいやすい関係性。

3
- **正**　祭り。パーティー。喜びを分かち合う。楽しいイベント。物事の成功を祝う。祝杯。華やかな賑わい。ダンス。芸能関係。ファッション関係。女子の集まり。
- **逆**　不特定の異性関係。快楽に溺れる。騒がしい。暴飲暴食。噂話に花が咲く。羽目を外しすぎる。時間やお金にルーズ。流行に流される女性。水商売。

4
- **正**　あるのだけど、ある物に満足できない。不満を抱えた状態。悩み事。倦怠期。退屈。一人になって、静かな場所で考える。瞑想する。ひと休み。
- **逆**　ゆとりを持つことによって、ひらめきがやってくる。アイデアが浮かぶ。斬新なアイデア。新しい可能性。新しい兆し。スポンサーが現れる。

ココをおさえて
［聖杯1・2・3］のいずれか2枚以上の組み合わせは、結婚の暗示です。1＝プロポーズ、2＝結婚式、3＝披露宴とイメージすると分かりやすいでしょう。

第Ⅵ章　小アルカナで問題の詳細を読み解くコツ

聖杯

5
- 正：喪失感。挫折感。深い悲しみ。孤独。絶望。血縁関係の問題。諦めきれない。気が乗らない縁談。継ぎたくない家業。覆水盆に返らず。3/5は喪失。
- 逆：考え方を変えて、辛い気持ちを吹っ切る。状況を受け入れることで、課題を克服する。嫌なことにも慣れてくる。残された可能性が見えてくる。

6
- 正：思い出。子ども時代。郷愁。懐かしさ。初恋。純粋な恋。プレゼント。約束。かわいらしさ。幼なじみ。幼さ。古い建物。古い家。過去に関係する。
- 逆：過去の経験を生かす。過去からの成長。思い出に浸る。昔の恋人。子どもっぽさ。思い出すことによって気付く。古い昔の約束。大人になる。温故知新。

7
- 正：想像力。空想の世界で遊ぶ。夢幻。白昼夢。たくさんの夢や希望。現実逃避。精神的に不安定。我を忘れる。霊的インスピレーション。非現実性。
- 逆：夢から覚める。夢に終わる。失望。空想で終わらせないで、アイデアを具体化することが必要。実現するよりも夢を見ていることが楽しい。我に返る。

8
- 正：諦め。後ろ髪引かれる思い。やり残し。中途挫折。失敗。物事が縮小していく。別れの潮時。未練を残して去る。引き下がる勇気。新しいことへ向かう。
- 逆：やり直し。もう一度チャレンジする。可能性が出てくる。戻る。最後まで諦めない。困難でも努力を継続する。やると決めたら最後までやる。よりを戻す。

9
- 正：ビジネスの成功。豊かさ。選り取りみどり。成功。自信。余裕。裕福。富。商売繁盛。商才がある。望みが叶う。目標に手が届く。"Wish Card"と言われる吉札。
- 逆：努力次第で成功。もう少しで手が届く。商才の欠如。自惚れ。自画自賛。満足できない。欲張り。大きな態度は裏目に出る。傲慢。謙虚さが必要。

10
- 正：家族の喜び。平和。目的達成。家庭円満。マイホーム購入。家や家族に関したこと。豊かな生活。愛情豊か。再婚の結婚。中年期以降の結婚に良し。
- 逆：飽和状態。飽きる。幸せな状態に感謝できない。家族の不和。家庭内の問題。手に届かない理想。あり得ない夢のような話。幸せが壊れる不安。

第Ⅵ章　小アルカナで問題の詳細を読み解くコツ

ワンモアアドバイス　聖杯がたくさん出ると、感情的な状態を示します。恋愛占いには良いのですが、仕事占いだと受動的で怠惰な傾向になります。

POINT 69

「剣（ソード）」は 社会性

剣は、物事を合理的に解釈する力。理論と知識を、社会倫理のために使う生き方を示します。また、**強い意志を持って生きることの厳しさ**を表しています。

Check①　正位置のキーワードはこれ！
- 知恵
- 意志
- 判断
- 理性

Check②　逆位置のキーワードはこれ！
- 悲しみ
- 裏切り
- 傷付く
- ドライ

さらに！ 各数字が告げるメッセージのポイントはここ！

第Ⅵ章　小アルカナで問題の詳細を読み解くコツ

剣

1

正 自分の力で切り開く。勝利。法的な判断。絶対的な決断。過去を切り捨てていく。何かを断ち切ってのスタート。新しい技術。強い信念。強い覚悟。

逆 勝つためには手段を選ばない。感情を切り捨てる。自分や相手を傷付けての勝利。断ち切る。他者を寄せ付けない絶対的な力。険しい道。別れ。手術。

2

正 若い女性。静かさ。動かない。直感力。感性。感受性が強い。インスピレーション。平常心。バランス。内向性。自分のハートに耳を傾ける。心の平安。

逆 盲目的。膠着状態。変化がない。バランスが取れない。未来への不安。心を閉ざす。受け入れない。思いが伝わらない。物事を正しく判断できない。

3

正 緊張状態。傷心。別れの予感。三つ巴。三角関係。意見の相違。分けることによってうまくいく。象徴、サイン。センスを生かす。心を貫く強い信念。

逆 別れ。分裂。傷心。手術。三角関係のトラブル。引き裂かれるような思い。裏切りが明らかになる。デザイン。割り切る。複数の事をする。天候問題。暴風雨。

4

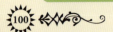

正 休憩。癒される。静かでリラックスできる場所。疲れを癒す。病院。介護・看護が必要な人。休養が必要。思考を休める。果報は寝て待て。

逆 暇。動きがない。開店休業状態。思考がまわらない。休みが取れない。束の間の休憩。睡眠に関する問題。病院・病床に伏す。寝込む。墓。遺言。祈り。

ココをおさえて
病気占いの時に出る剣のカードは、手術の暗示です。1・3・10＝手術、4＝病院、8＝女性の病気、9＝病床。いずれか数枚出てきた場合は、健康上注意が必要です。

剣

5
正 競争社会。殺伐とした人間関係。裏切り。不名誉。狡猾さ。相手を出し抜く。不当な利益。スキャンダル。横暴な上司。騙す。損失。リストラ。強盗。

逆 荒んだ環境。社会不安。いじめ。人間関係のトラブル。悪意のある人。略奪。パワーハラスメント。手柄の横取り。不徳。悪徳。後悔。埋葬。葬儀。

6
正 水辺の旅行。案内人。出発。新しい環境へ進む。新しい世界へ向かう。科学や技術の先端。順調なスタート。穏やかに事が動き出す。母子関係。

逆 出遅れる。進展が遅い。延期。出発が遅れる。思うように進まない。事が前に進まない。逃亡する。行き先を見失う。未来への不安。

7
正 悪い評判。悪い噂。噂話。仲間の裏切り。窃盗。一人でやる。すべては持っていけない。スパイ。情報を盗む。矛盾。言っていることとやっていることが違う。

逆 仲間に入れてもらう。仲間と協力する。噂話が薄れる。アドバイスを受ける。専門家への相談。ユーモア。いたずら。考えが一つにまとまる。矛盾の解消。

8
正 身動きの取れない状態。辛い立場。動くと危険。今は我慢の時。試練を受け入れ耐え忍ぶ。(女性の)病気。苦痛。犠牲。困難を耐える。流産に注意。

逆 状況が段々見えてくる。拘束が解ける。誤解が解ける。病み上がり。苦しい状況がだんだん緩和されてゆく。困難を越える。解放される。自由になる。

9
正 病床に就く。(女性の)病気。悩み。不安。絶望感。愛する人を失う。鬱。悲観的。精神的な問題。深刻になる。被害妄想。方法が浮かばない。不眠症。

逆 一時的な回復。病気はなかなか治らない。辛い状況でも、今の幸せに気が付き始める。占いを使った開運。生きるエネルギー。運命を受け入れる。

10
正 終わり。止める方がいい。辛い状況。針のむしろ。破滅。傷付く。悲しみ。苦痛。言葉で傷付けられる。長期間の苦しみ。我慢できない。荒廃。

逆 苦しみの終わり。早く終えると、新しいチャンスはすぐにやってくる。恩恵。新しい兆し。前兆。一時的なチャンス。新たな可能性。新しい環境に進む。手術。

ワンモア
アドバイス
たくさんの剣が出てくると、占った内容に対しての試練や困難を示します。中断するという決断を含め、覚悟や強い意志が必要です。

POINT 70 「金貨（ペンタクルス）」は顕現されたもの

金貨は、物質界に顕現したエネルギーの質を象徴。物質界の特徴である、安定性と継続性を意味します。また、地に足を着ける堅実さを示します。

Check① 正位置のキーワードはこれ！
- 仕事
- お金
- 継続
- 形式

Check② 逆位置のキーワードはこれ！
- 変化しづらい
- こだわり
- 頑固
- 執着

さらに！ 各数字が告げるメッセージのポイントはここ！

金貨

1
- 正：欲しい物を手に入れる。大金をつかむ。努力が実る。至福。幸運。チャンスをつかむ。望みが叶う。夢が形になる。安定した良いスタート。平和。
- 逆：もう少しでお金が手に入る。ゴールは近い。努力すれば結果が出る。裏金。お金を隠す。成功しても内緒にしておいた方がいい。土地に関したこと。

2
- 正：意志の伝達。コミュニケーション。楽しみ。レクリエーション。享楽的。お金の悩み。売り上げなどの波がある。無限の可能性。絶えず変化する。浮き沈み。
- 逆：疲れる相手。疲れる状況。同じことの繰り返し。浮き沈みが激しい。お金の不安。面白くない。バランスを取るのが難しい。文書。郵便物。道化師。

3
- 正：学校。技術を学ぶ。建築関係。教授する。名誉。神聖な仕事。計画性を持つ。設計図。三人寄れば文殊の知恵。師弟関係。結束力。宗教などの施設。
- 逆：仲間と合わない。尊大な態度。未熟。勉強不足。神聖な気持ちを忘れる。計画通りに進まない。組織の秘密。修復作業。閉鎖的。古い伝統。初心を忘れる。

4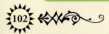
- 正：お金持ち。物質的安定。財産を守る。富を得る。不動産収入。地に足を着ける。所有物への執着。こだわりを持つ。遺産。保全する。資産や財産を守る。
- 逆：ケチ。欲張り。お金や物質に対しての強い執着。抵抗。頑固。執着が強くて身動きが取れない。守るもののために動けない。保身。こだわりが強すぎる。堅物。

ココをおさえて
［金貨3］だけが、黄色い色が抜けています。この金貨は物質界を巡るのではなく、神性に繋がるために使われたお金です。それは天国への貯金です。

第Ⅵ章　小アルカナで問題の詳細を読み解くコツ

金貨

5
　正　失業。貧困。ケガ。寒い。ひもじい。金銭苦。ホームレス。就職難。路頭に迷う。苦しい時もともにいるパートナー。良い相性。恩恵や救いに気づかない。
　逆　愛とお金に飢える。パートナーを失う。みじめな気持ち。社会的不和。社会的弱者。深刻な格差社会。苦しい者は藁をもすがる。救いを求めてさまよう。

6
　正　ビジネスの成功。商談がまとまる。商才がある。慈悲。慈善事業。恵みを与える。弱者救済。バランス感覚。取引。雇用関係。雇用される。契約成立。
　逆　不利な契約。バランスが取れない。お金に合わない労働。雇用契約と条件が違っている。調和が取れない。お金と何かを天秤に掛ける。不平等な社会。

7
　正　農作業。面白くない仕事。成長を待つ。仕事に対しての不満。きつい仕事。納得のいかない結果。悩み。良い方法が浮かばない。お金に関しての心配。
　逆　資金繰りが上手くいかない。金銭に関する悩み。仕事に対する不満や悩み。退屈。面白みがない。実りが少ない。結果を見る前に嫌になる。怠惰。

8
　正　職人。技術職。コツコツとした積み重ね。物を作る仕事。努力を重ねる。継続する力。時間と共に成果や結果が現れる。一人でできる仕事や作業。
　逆　手先が不器用。面白くない仕事。単純労働。手先でごまかす。技術不足。同じことの繰り返し。仕事に飽きる。お金のために続ける。惰性で続ける。

9
　正　婚約。結納。家具を整える。実り。箱入り娘。愛とお金を手に入れる。玉の輿の結婚。女社長。女性的な魅力や才能で成功する。パトロンを持つ。
　逆　お金目当て。金の切れ目が縁の切れ目。打算的。愛人。交際は相手の経済状況で選ぶ。若さや美しさなど魅力のある女性。パトロンを持つ。

10
　正　一族の繁栄。家族。血族。家柄。孫を持つ。長寿。大きな家。安定。富。達成。由緒正しい家柄。名家。家族や親戚が集まる。しつけが行き届く。礼儀正しい。
　逆　家族の反対。家族の分裂。伝統や古い考えによる問題。老衰。古いしきたり。閉鎖的な家。家の没落。遺産や財産を活かせない。古い体制の支配。

第Ⅵ章　小アルカナで問題の詳細を読み解くコツ

 ワンモアアドバイス　金貨のカードがたくさん出ていると、占った状況が継続されることを暗示します。現況を確認して、具体的なアドバイスをしましょう。

第Ⅶ章
楽しく実践レベルがアップする
究極の占い 10

POINT 71　深層心理を知る「究極の自分占い」……………………106
POINT 72　相談前に相手の質問を読む「究極のオラクル占い」………108
POINT 73　過去からのメッセージを知る「究極の前世占い」…………110
POINT 74　徹底的に占う「究極のホロスコープスプレッド」…………112
POINT 75　クリエイティブに占う「究極の創作スプレッド」…………114
POINT 76　もっと深く読み解く「究極のコンビネーションリーディング」……116
POINT 77　誕生日の数字が示す霊性「究極の魂のステージ占い」……118
POINT 78　タロットの秘儀を知る「究極の生命の木スプレッド」………120
POINT 79　癒しが必要な人へ「究極のアートセラピー」………………122
POINT 80　タリスマン（護符）として使う「究極のおまじない」………124

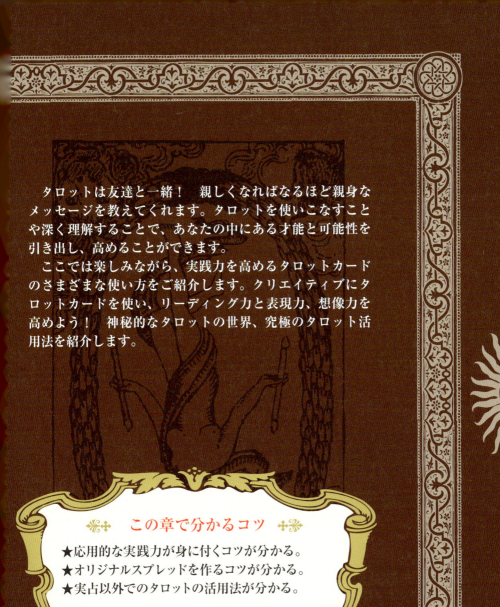

　タロットは友達と一緒！　親しくなればなるほど親身なメッセージを教えてくれます。タロットを使いこなすことや深く理解することで、あなたの中にある才能と可能性を引き出し、高めることができます。
　ここでは楽しみながら、実践力を高めるタロットカードのさまざまな使い方をご紹介します。クリエイティブにタロットカードを使い、リーディング力と表現力、想像力を高めよう！　神秘的なタロットの世界、究極のタロット活用法を紹介します。

この章で分かるコツ

★応用的な実践力が身に付くコツが分かる。
★オリジナルスプレッドを作るコツが分かる。
★実占以外でのタロットの活用法が分かる。

POINT 71

深層心理を知る
「究極の自分占い」

タロットで一番最初にする占いは、「自分占い」であり、もっとも難しい占いも「自分占い」です。**「自分占い」は、客観的な判断力と冷静さ、自己受容を養います。**自分を受容する力は、他者を受容する力につながります。自分を知って、可能性を引き出そう！

「自分占い」のスプレッドはこれだ！

Check①
鏡を用意し、鏡に映る自分の瞳を見ます。瞳は本当の自分につながる窓。自分を許し、受け容れましょう。

Check②
自分占いの場合は、カードを伏せてレイアウトし、レイアウトを終えてから、オープンします。

① 顕在意識
② 潜在意識（表層無意識）
③ 無意識（深層無意識）

第Ⅶ章　楽しく実践レベルがアップする究極の占い10

＋α プラスアルファ
記憶の図書館「アカシックレコード」を呼び起こして
無意識の深い階層には集合無意識があり、「アカシックレコード」と呼ばれる、すべての記録が保管される図書館があると言われています。預言者のエドガー・ケイシー氏や神秘思想家ポール・ソロモン師などは、そのアカシックレコードをリーディングしたと言われています。今回紹介する「自分占い」は、ソロモン師のワークをヒントに創作しています。

展開例（吉田ルナによる自分占い）

①顕在意識
[杖7]

②潜在意識
[吊られた男]

③無意識
[杖1・逆]

モデルトーク

自分の深い意識は、神の意識と通じています

①顕在意識［杖7］▶ 今ある仕事を必死に片付けている意識が表れているのではないでしょうか。毎月のルーティンワークが次から次へとやってくる日常と、孤独に戦っているように思います。何かそれは一人芝居のような気さえします。この男が左右違う靴を履くように、プライベートでは全く余裕がなく失敗が多いです。

②潜在意識［吊られた男］▶ 私はスピリチュアルな生き方に身を捧げて生きていこうと誓っているので、このカードが出たのかと思います。物事を、人とは違った角度で見る才能を持っているのかもしれませんね。また、自己犠牲的な意識に、囚われる傾向があり、自分が我慢することで、丸く収まるならそれでいいと思いがちです。

③無意識［杖1・逆］▶ 何かをつかみたいけど、何をつかみたいか分からない。私はその答えを手にしているけれど、私（顕在意識）はそれを知らない。もっとリラックスして焦らずに生きていけば、潜在意識の神からもらえる知恵につながって生きていけるのかな？

そして、私は人生を意識的に生きるためにいろいろ勉強してきたのですが、そのことが全体を通して表れています。せっかちな性格が示されているようですので、自分がすでに叡智と繋がっているということを意識することが大事だと思いました。

> **ココをおさえて**
> 自分自身のことなのでカードの示している意味を理解できるはず。素直に受け取ること。

ワンモアアドバイス　無意識は名前の通り意識できないものですが、タロットカードの刺激によって、無意識にあるさまざまな知恵を引き出すことができます。

第Ⅶ章　楽しく実践レベルがアップする究極の占い10

POINT 72

相談前に相手の質問を読む
「究極のオラクル占い」

カウンセリングでは相談者に寄り添い、具体的なアドバイスをすることが大切になるのですが、ここでは、**何も聞かないで、どこまで当てられるか！** に挑戦してみましょう。この占いは集中力と洞察力、直観力を高めます。

「ギリシャ十字スプレッド」を使ってみよう！

Check①
優しい視線で相手を受け止め、相談者にチューニングします。姿勢、呼吸を合わせ、占いをします。

Check②
自分の感じたイメージや浮かんだメッセージは、必ず相談者の役に立つと信じて表現しましょう。

③ 傾向 出来事

① 現状の良い側面
（メリット／ポジティブ）

⑤ 結果

② 現状の悪い側面
（デメリット／ネガティブ）

④ 対策

第Ⅶ章 楽しく実践レベルがアップする究極の占い10

＋α プラスアルファ
相談者に波動を合わせるチューニングが、信頼関係につながる早道

チューニングやペーシングとは、相談者のペースや調子、雰囲気に合わせることを言います。相談者の話を親身になって聞いていると自然に起こりますが、意識的にチューニングすることで早く緊張が解け、信頼関係の形成を早めることができるでしょう。チューニングは、相談者の無意識に働きかけることができるのです。

展開例（Bさん／48歳 男性）

③傾向・出来事
[金貨ナイト・逆]

①現状の良い側面
[剣 8]

⑤結果
[杖 10・逆]

②現状の悪い側面
[剣 6]

④対策
[正義]

▼

モデルトーク

生きていきたい道と生きる道が違っても、今は前進する時です

①現状の良い側面 [剣 8] ▶ 直感的に、過去の女性のことで悩んでいるように感じるのですが…Bさんはやりたいことが思うようにいかず、今は我慢が必要だと思っていますね。

②現状の悪い側面 [剣6] ▶ あなたは、今を変えるために新しいことを始めなければ、とも思っていませんか？　それは、思っているよりスムーズに進むでしょう。

④対策 [正義] ▶ Bさんは、物事や人間関係の調和を、大切に思っているのですね。

⑤結果 [杖 10・逆] ▶ ただ、今は、大切な人間関係もあるけれど、古いものへの執着を捨て、新しい可能性に向かって進む時のようです。

③傾向・出来事 [金貨ナイト・逆] ▶ Bさんは慎重に様子を見て動くタイプですが、そろそろその時期が来たのかもしれませんよ。
　あなたが現状に耐えて立ち止まっていることは、本当にいいことなのでしょうか？　こだわることを諦めて新しい人生を生きることは、本当に悪いことなのでしょうか？　Bさんの心に信念と愛とがあれば、それが人として正しく生きる道です。

ココをおさえて
この占いは啓示的に、占いを通じて相談者が人生を考える機会になるようにアドバイスしよう。

さらに！
Bさんは「離婚した元妻を思う気持ちがあります。」と答えられました。

ワンモア アドバイス　このスプレッドは、①良い側面に良い意味、②悪い側面に悪い意味のカードが出るとは限らないので、占者の技術と感性が必要です。

第Ⅶ章　楽しく実践レベルがアップする究極の占い10

POINT 73

過去からのメッセージを知る
「究極の前世占い」

自分の前世はいったい何者で、どんな生き方をして、今世に何を伝えようとしているのか。知りたいと思いませんか？ 霊能力者でもないのに前世を見るなんて、ちょっとコワイ気持ちもしますが、タロットでも実は意外と簡単な方法で占えるのです。

「前世占い」のスプレッドはこれだ！

① 出生	② 経験	③ 学び	④ 今世
前世の生い立ちはどうだったのか。	前世にどんな経験を積んで生きてきたのか。	前世の経験によって、何を学んできたのか。	前世から、今世にもたらされるもの。

Check①
特に悩みがない時や占術に迷った時などに、導入的に行ってみてもよいでしょう。

Check②
上手に読むヒントは「遊び心」です。遊び心が、想像力や表現力を高め、直観力を引き出します。

プラスアルファ

「前世占い」は、究極のスピリチュアルメッセージ
受け容れられない前世は出てきません。今の自分に必要なメッセージが、前世として現れてきます。人は何度も生まれ変わると言いますから、「今の自分に一番影響を与えている前世が現れる」と考えるとよいでしょう。前世占いは、その人に夢を与え、新しい視点や考え方をもたらす、過去からの究極のプレゼントです。

第Ⅶ章　楽しく実践レベルがアップする究極の占い10

展開例（Ａさん／39歳 女性／講師）

①出生
[杖3・逆]

②経験
[聖杯キング]

③学び
[愚者・逆]

④今世
[聖杯6]

モデルトーク

人との関わりを大切にし、幼い頃からの夢を仕事にすることができます

①出生［杖3・逆］▶ Ａさんの前世は、港町に生まれた男の子です。生まれついた家は、裕福な家庭ではなかったけれど、高台から行きかう船を見ながら、いつかは自分の船を持ち、いろいろな国へ行ってみたいという大志を抱き育ちました。

②経験［聖杯キング］▶ あなたはその思いを持って一生懸命学び、働きました。そして、大人になったあなたは、少年の時の夢を叶えることができたのです。ビジネスを成功させて、富や名誉を得ることができました。

③学び［愚者・逆］▶ Ａさんが成功した理由は、自分にはお金がなく、知識もなく、何も知らない人間である…ということを知っていたからです。だからこそ、誰よりも多くのことを学びました。何もない自分だからこそ、いろいろなことを経験し、学ばなければいけないと思ったのです。

④今世［聖杯6］▶ 前世からの経験で、Ａさんは幼い頃の夢を育むことの大切さを知っています。たとえ難しいと思われる夢であっても、諦めないで努力を続ければ、それが叶うことを知っています。ですから今のあなたも、子どもの頃からの夢を仕事にしていますよね。お金も教養もなかった前世のあなたは、人の情けに支えられて夢を叶えました。だからこそ、人の関わり合いを大切にしようという気持ちが、今世にもたらされているようですよ。

> **ココをおさえて**
> 前世の具体的な説明は、カードの絵柄から情景や場所などをイメージするとよいでしょう。

ワンモアアドバイス 前世を通して、今の自分に勇気が持て、今の人生を肯定できるようなリーディングを心がけましょう。

第Ⅶ章 楽しく実践レベルがアップする究極の占い10

111

POINT 74
徹底的に占う「究極のホロスコープスプレッド」

POINT 19（P30）・29（P50）で紹介した「ホロスコープスプレッド」を深めます。このスプレッドは、**相談者の興味や相談内容が多岐に渡っている場合や、物事が相対的に絡み合っている場合にオススメ**です。各ハウスのさらに詳しい意味を紹介しましょう。

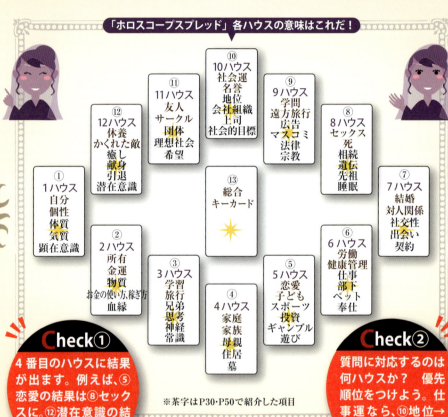

「ホロスコープスプレッド」各ハウスの意味はこれだ！

① 1ハウス　自分・個性・体質・気質・顕在意識
② 2ハウス　所有・金運・物質・お金の使い方、稼ぎ方・血縁
③ 3ハウス　学習・旅行・兄弟・思考・神経・常識
④ 4ハウス　家庭・家族・母親・住居・墓
⑤ 5ハウス　恋愛・子ども・スポーツ・投資・ギャンブル・遊び
⑥ 6ハウス　労働・健康管理・仕事・部下・ペット・奉仕
⑦ 7ハウス　結婚・対人関係・社交性・出会い・契約
⑧ 8ハウス　セックス・死・相続・遺伝・先祖・睡眠
⑨ 9ハウス　学問・遠方旅行・広告・マスコミ・法律・宗教
⑩ 10ハウス　社会運・名誉・地位・会社組織・上司・社会的目標
⑪ 11ハウス　友人・サークル・団体・理想社会・希望
⑫ 12ハウス　休養・かくれた敵・癒し・献身・引退・潜在意識
⑬ 総合キーカード

※茶字はP30・P50で紹介した項目

Check①
4番目のハウスに結果が出ます。例えば、⑤恋愛の結果は⑧セックスに。⑫潜在意識の結果は③思考に。

Check②
質問に対応するのは何ハウスか？　優先順位をつけよう。仕事運なら、⑩地位→⑥労働→②稼ぎ。

＋α プラスアルファ
病気を占う（病占）時の大切な心得
病占を行う時は、必ず医師の診断を受けているか確認をし、受診を勧めましょう。治療中の人や気になる症状がある人は、「セブンスプレッド」などを使って治療運を占うのも良いでしょう。占いはエネルギーの流れを読むもの。決して診断はしないでください。相談者に確認し、配慮を持って占いましょう。

第Ⅶ章　楽しく実践レベルがアップする究極の占い10

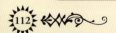

第Ⅶ章 楽しく実践レベルがアップする究極の占い10

POINT 75 クリエイティブに占う「究極の創作スプレッド」

タロット占いは、第Ⅱ・Ⅲ章で紹介したスプレッドのように定型がありますが、それ以外にも、枠に囚われず自由に占うことができます。新しい可能性はあなたの中から生まれてくるもの、クリエイティブにオリジナルのスプレッドを創作しましょう。

オリジナルスプレッドを作ってみよう！

Check① 何かのプログラムやメソッドを元にしたり、既存スプレッドやアートを元にアレンジするのもいいでしょう。

Check② スプレッドを自分で考えることで、占いが深まり、得られるもの、与えられるものが明確になります。

Check③ 実際にメモをしながら組み立てていき、できたスプレッドには自分で名前をつけてみましょう。

企画を立てる
あなたが占いで得たいもの、求めているもの、知りたい結果などを自由にピックアップ。

イメージする
ピックアップしたものを満たすポジション、またはレイアウトをイメージしてみよう。

構図を考える
ポジションごとの意味を簡潔にし、他のポジションとの関係性を整理してみよう。

スプレッドの完成
ポジションの意味と配置を考えながら、美しいレイアウトになるように完成させよう。

ココをおさえて
実際に占って不都合はないか試して、さらに洗練させ、使いこなせるようになってから人を占おう。

第Ⅶ章 楽しく実践レベルがアップする究極の占い10

ワンモアアドバイス タロットを学ぶと、私たちの生きる世界は、思ったことが実現する世界であると感じることが多くあります。未来は自分が作るものなのです。

創作スプレッド例A「セブンテラススプレッド」

ILC（インナーライトコンシャスネス）の奥義「セブンテラス瞑想」をヒントに作成しました。

- オラクル — ⑦白のテラス
- 自分を高めるチャレンジについて — ⑥紫のテラス
- 創造的に生きることについて — ⑤青のテラス
- 自信と安らぎを得ることについて — ④緑のテラス
- 新しい可能性と才能について — ③黄色のテラス
- ネガティブを捨てることについて — ②オレンジのテラス
- ワクワクすることやトキメキについて — ①赤のテラス

ココをおさえて
各ポジションから得られるメッセージは、すべて今の自分のプラスになると受け止めよう。

創作スプレッド例B「対人関係を占うスプレッド」

自分が周りの人からどう見られているかを知るために考えました。（タロット受講生Kさん）

- ⑥グループ全体 — グループの人間関係全体を表す
- ①Aさん — Aさんが対象者をどう見ている？
- ②Bさん — Bさんが対象者をどう見ている？
- ③Cさん — Cさんが対象者をどう見ている？
- ④Dさん — Dさんが対象者をどう見ている？
- ⑤Eさん — Eさんが対象者をどう見ている？
- ⓪象徴カード — 対象者を示す

ココをおさえて
⓪象徴カードを置いたら、人間関係の関係図を作るように、自由にレイアウトしてみよう。

第Ⅶ章　楽しく実践レベルがアップする究極の占い10

115

POINT 76 もっと深く読み解く「究極のコンビネーションリーディング」

タロットは一枚一枚のカードの意味を読み繋いで答えを出します。ここでは、カードの組み合わせで生じる意味、固有の意味や特殊な暗示など、コンビネーションリーディングの一部をご紹介します。

「愛情」に関するコンビネーションはこれだ！

▶［戦車］［星］共に正位置は、理想的な恋人たちを表す。

▶［法王］［悪魔］の組み合わせは、強い縁を象徴。

▶［金貨9・正］［杖4］の組み合わせは、玉の輿婚を暗示する。

▶［聖杯2］［聖杯10］は、中年期以降の結婚や再婚に吉。

▶［聖杯1］［聖杯2］［聖杯3］のいずれかが2枚以上出ると結婚の暗示。
▶［恋人たち］［聖杯3］は恋愛モテ期。
▶［女帝］［皇帝］の組み合わせは、父母や夫婦の象徴。
▶［法王］［恋人たち］は良縁の象徴。

Check① 「愛情」に関しては、男女関係や愛情を示すカードとのコンビネーションが特徴です。

「仕事」に関するコンビネーションはこれだ！

▶［杖6］［杖ナイト］共に正位置の組み合わせは、ビジネスチャンス。

▶［魔術師］［金貨8］技術者。手先を使う仕事で成功。

▶［法王］［金貨3］組織力で成功。名誉ある大きな仕事。

▶［聖杯9］［金貨6］この組み合わせは、商才を象徴。

▶［杖2］［杖3］［剣6］いずれか2枚以上で、貿易や外国にチャンスあり。
▶［金貨キング］［金貨4］の組み合わせは、政治家を暗示。
▶［法王・逆］［塔］は、組織の崩壊を象徴。信頼を失う。
▶［太陽］［聖杯3］は芸能関係の仕事。

Check② 「仕事」に関しての多くは、杖か金貨のカードがコンビネーションに参加しています。

第Ⅶ章　楽しく実践レベルがアップする究極の占い10

「コートカード」同士のコンビネーションはこれだ！

▶同じスートの［キング］と［クィーン］の組み合わせは夫婦や恋人を意味する。

▶［ナイト］と［ペイジ］の組み合わせは、先輩と後輩。組織の中の上下関係。

▶［キング］と［ナイト］の組み合わせは、決断と行動を意味する。

▶［クィーン］と［ペイジ］の組み合わせは、受動的な状態。

- ▶2枚の［キング］は権威に執着。3枚の［キング］は統率力に欠ける。
- ▶2枚の［ナイト］は競争。3枚の［ナイト］は支離滅裂、破壊的な行動。
- ▶［ペイジ］が3枚以上あると、話がまとまらない、烏合の衆。
- ▶［杖ペイジ］と［聖杯ペイジ］の組み合わせはライバル。

Check③ 多種多様なコートカードが出た場合、気持ちがまとまらず、物事が進みにくい。

その他のコンビネーションはこれだ！

▶［悪魔］［塔］は、不倫、性的トラブル、妊娠人工中絶。

▶［金貨2］［金貨7］は、経済的な悩みを暗示。

▶［恋人たち・逆］聖杯8］は迷いや心変わりの暗示。

▶［女司祭長］［金貨3］は、神秘学や秘教などを学ぶことを暗示。

- ▶［愚者］［月］［聖杯7］のいずれか2枚以上の組み合わせが出ると、精神不安定を示す。
- ▶［剣3］と複数の［ソード］のカードは、手術の暗示。
- ▶2枚の［1・逆］は、始めたいけれどどうしていいか分からない。
- ▶［魔術師］［女帝］はアイデアの実現。
- ▶［聖杯7］［聖杯10・逆］は現実的でない夢。実現しない。
- ▶［星・逆］［太陽・逆］［聖杯1・逆］のいずれか2枚以上の組み合わせは、エネルギーのロスが多い。

Check④ 良いカードでも組み合わせで悪い意味になることも。物事には程度と関係性が大切です。

ワンモアアドバイス コンビネーションは、あなたのタロットの経験の中から生まれてくるものです。リーディングに遊び心を持つことが発見のコツです。

第Ⅶ章　楽しく実践レベルがアップする究極の占い10

誕生日の数字が示す霊性
「究極の魂のステージ占い」

タロットカードには番号・数字が振られています。ここでは、数字の持つ意味や性質と、タロットカードとの関係性を紐解いていきましょう。生年月日を使って、あなたの今生のテーマや誕生にまつわる3つのステージのカードを導き出します。

「魂のステージ占い」の出し方はこれだ！

Check①
「ソウルカード」は、何世も転生を重ねてきたあなたの魂の持つエネルギーの性質を示しています。

Check②
「パーソナルカード」は、今生のあなたのテーマを示すカードです。何を学びに来たのかを表します。

Check③
「イヤーカード」のメッセージは、一年の運勢やテーマを知るのに役に立つでしょう。

「ソウルカード」の出し方
西暦で書いた生年月日の全ての数字を一桁にして足します。
例）1998年8月29日↓
1＋9＋9＋8＋8＋2＋9＝46(A)
出た答えも一桁になるまで足していきます。
4＋6＝10　1＋0＝1
▶ソウルナンバーは1
▶ソウルカードは［魔術師］

「パーソナルカード」の出し方
生年月日を足した数字 (A) から、大アルカナの枚数 22 を、22未満になるまで引き続けます。
46－22＝24　24－22＝2
▶パーソナルナンバーは2
▶パーソナルカードは
　［女司祭長］

「イヤーカード」の出し方
調べたい年の西暦と誕生月と誕生日を一桁にして足します。
例）2019 年の場合↓
2＋0＋1＋9＋8＋2＋9＝31
その数字から 22 を 22未満になるまで引き続けます。
31－22＝9
▶イヤーナンバーは9
▶イヤーカードは［隠者］

＋α プラスアルファ

生年月日に表れる、数字に注目してみよう
例の、1998年8月29日の場合、出てきている数字は、1→1回、2→1回、8→2回、9→3回となっています。3回出ている「9」も、例の人の性質を示すといえます。
また、生年月日を一桁にして足した数「46」は、「4」［皇帝］と「6」［恋人たち］も、その人の魂の癖を示すカードとして考えることができます。

第Ⅶ章　楽しく実践レベルがアップする究極の占い10

「魂のステージ」のテーマ一覧表…カードと数字（1〜9）との関係性

1［魔術師］ 能動的、意図的、強力、非同情的、エネルギー、指導的、革新的、始めること。

2［女司祭長］ 受動的、受容的、弱気、同情的、従属的、陰のエネルギー、二つあるものとの関わり。

3［女帝］ 聡明、陽気、芸術的、複数あるものとの関わり、幸福、表現、より良いものへ成長する意識。

4［皇帝］ 重厚、非創造的、こだわり、困難な仕事と成功、責任、物質的側面、安定性と平和について。

5［法王］ 多面性、冒険的、神経質、不確かさ、性的特質、自由、変化、勝敗と光と影、チャレンジ。

6［恋人たち］ 真実、正義、外交的、安定性、愛、調和、ハートの真実について、方向性。

7［戦車］ 神秘、稲妻、謎、混乱、不思議、独創性、霊性、マインドの使い方。霊的サイクル。

8［力］ 俗世的、物質的成功と失敗、行動力、四方八方、パワー、継続時間、行動や実行について。

9［隠者］ 精神的、霊的成長、高い理想、マスターナンバー、成功に対する意識状態、高貴、孤独。

第Ⅶ章　楽しく実践レベルがアップする究極の占い10

ワンモアアドバイス　通常のタロット占いでは、スプレッドの中の数札の出現の仕方で、数のメッセージを読み取ることができます。

POINT 78

タロットの秘儀を知る
「究極の生命の木スプレッド」

タロットカードが78枚あるのは、ユダヤ教の秘教カバラの真理に基づいています。「カバラ」は「受け取る」と言う意味。神のエネルギーを受け取るプロセス「生命の木」は、神の顕現、創造を示しています。人生に対して深い洞察を得たい時、このスプレッドを使うといいでしょう。

魂の成長を促す「生命の木スプレッド」はこれだ！

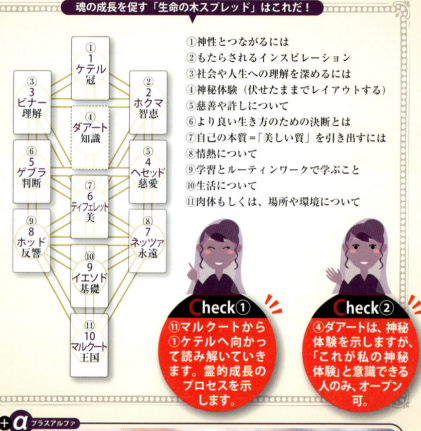

① ケテル 冠
② ホクマ 智恵
③ ビナー 理解
④ ダアート 知識
⑤ ゲブラ 判断
④ ヘセッド 慈愛
⑥ ティフェレット 美
⑦ ネッツァ 永遠
⑨ ホッド 反響
⑩ イエソド 基礎
⑪ マルクート 王国

① 神性とつながるには
② もたらされるインスピレーション
③ 社会や人生への理解を深めるには
④ 神秘体験（伏せたままでレイアウトする）
⑤ 慈善や許しについて
⑥ より良い生き方のための決断とは
⑦ 自己の本質＝「美しい質」を引き出すには
⑧ 情熱について
⑨ 学習とルーティンワークで学ぶこと
⑩ 生活について
⑪ 肉体もしくは、場所や環境について

Check①
⑪マルクートから①ケテルへ向かって読み解いていきます。霊的成長のプロセスを示します。

Check②
④ダアートは、神秘体験を示しますが、「これが私の神秘体験」と意識できる人のみ、オープン可。

第Ⅶ章　楽しく実践レベルがアップする究極の占い10

＋α プラスアルファ

［金貨10］は、物質界を満たす神のエネルギーの象徴

カバラでは、「無」から「無限」が、「無限」から「無限の光」と、神の創造のプロセスが表現されます。「無限の光」から最初の生命の木のケテル（冠）が、そして順々に神のエネルギーが流出し、この物質界が顕現されると考えます。それは、物質界のマルクート（王国）に対応するタロットカード［金貨10］で示されています。

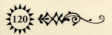

「生命の木」に対応するタロット相互関係図

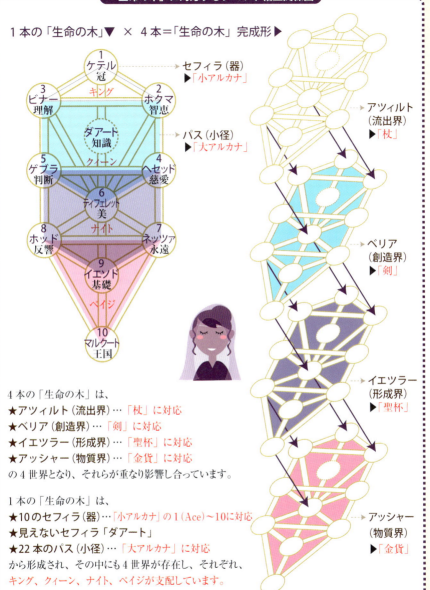

1本の「生命の木」▼ × 4本＝「生命の木」完成形▶

- 1 ケテル 冠
- 3 ビナー 理解
- 2 ホクマ 智恵
- ダアート 知識
- 5 ゲブラ 判断
- 4 ヘセッド 慈愛
- 6 ティフェレット 美
- 8 ホッド 反響
- 7 ネッツァ 永遠
- 9 イエソド 基礎
- 10 マルクート 王国

キング／クィーン／ナイト／ペイジ

▶ セフィラ（器）「小アルカナ」
▶ パス（小径）「大アルカナ」

- アツィルト（流出界）▶「杖」
- ベリア（創造界）▶「剣」
- イエツラー（形成界）▶「聖杯」
- アッシャー（物質界）▶「金貨」

4本の「生命の木」は、
★アツィルト（流出界）…「杖」に対応
★ベリア（創造界）…「剣」に対応
★イエツラー（形成界）…「聖杯」に対応
★アッシャー（物質界）…「金貨」に対応
の4世界となり、それらが重なり影響し合っています。

1本の「生命の木」は、
★10のセフィラ（器）…「小アルカナ」の1（Ace）〜10に対応
★見えないセフィラ「ダアート」
★22本のパス（小径）…「大アルカナ」に対応
から形成され、その中にも4世界が存在し、それぞれ、
キング、クィーン、ナイト、ペイジが支配しています。

第Ⅶ章　楽しく、実践レベルがアップする究極の占い10

ワンモア アドバイス　生命の木に表れる図形は「意識」を示し、4慈愛・5判断・6美の三角形は「魂」を、2智恵・3理解・6美はトランスパーソナル意識を示します。

POINT 79

癒しが必要な人へ
「究極のアートセラピー」

タロットカードの美しくて神秘的な絵柄には、何か特別な力があると感じませんか？この**魅力的な絵札の不思議なパワー**を信じて、78枚のカードを使い、アートセラピーを行ってみましょう。**占い以外の新たなタロットカードの使い方**をご紹介します。

「アートセラピー」の手順はこれだ！

象徴カードを置く

象徴カードは、コートカードの中から選んで、タロットクロスのフィールドの好きなところに置く。

心の絵地図を作成

タロットカードの絵柄を見て、自分のフィーリングのまま、気になるカードを自由に置こう。

心の絵地図を完成

自分の納得の行く状態になったところで、完成としましょう。

Check①
今の自分を示していると感じるカードを一枚選びます。それは、あなたが思っているあなたを示します。

Check②
象徴カード（自分）の回りにはどんなカードを置きたいですか？感じるままにレイアウトしましょう。

Check③
レイアウトが完成したら、眺めながら瞑想しましょう。何を感じますか？ カードの足し引きはご自由に。

＋α プラスアルファ
タロットカードを使った、さまざまなセラピーを試してみよう
今回ご紹介したアートセラピー以外にも、タロットカードを使ったさまざまなセラピーが可能です。簡単にタロットの世界に入っていくことが出来るオススメのワークは、『幸せに導くタロットぬり絵 神秘と癒しのアートワーク』（吉田ルナ・片岡れいこ著）の中で紹介しています。

第Ⅶ章　楽しく実践レベルがアップする究極の占い10

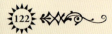

Check④
あなたにとって要らないもの、手放す準備ができたものは何ですか？徐々に浄化されていきます。

Check⑤
あなたの心の絵地図にあるカードは何ですか？ それはどんなメッセージをもたらしていますか？

Check⑥
最後まで外せなかったカードは？自分の中にある大切なもの、あなたの本質を受け止めましょう。

カードを外す
完成した自分の心の絵地図から要らないと思うカードを、あなたのペースでクロスの外へ出しましょう。

カードを足し引きする
必要だと感じたカードを新たに足したり、自由にレイアウトを変えながら、次第にカードを減らしていきます。

最後に残るカード
最後に残るカードが、一枚か二枚になるまで、カードを外し、減らしていきましょう。

瞑想する
最後に残ったカードを、眺めたり、手に取ったり、胸に当てたりしながら、しばらく瞑想しましょう。

ココをおさえて
最後に残ったカードは、あなたに滋養を与え、あなたの核となる質です。今の自分の核となる質を受け止めましょう。

第Ⅶ章 楽しく実践レベルがアップする究極の占い10

ワンモアアドバイス
このワークは、グループで行うこともできます。言語表現でないからこそ自由に表現できて、手放し、受け容れることができるのです。

POINT 80
タリズマン（護符）として使う
「究極のおまじない」

タロットカードには、古代の叡智が絵で示されています。それは、文字の読めない人にも分かるように、絵で示された神性の姿です。神や女神をモチーフにしたタロットカードを、タリズマン（護符）として使ってみましょう。

オススメの「タリズマン」はこれだ！

［女帝］
金星が描かれたこのカードの示す女神は、愛と美の女神アフロディーテです。ラクシュミー、イシュタル、デーメーテール、吉祥天など、あなたの好きな豊穣の女神を、このカードの女神と見なし、愛と美の守護符として使いましょう。

［法王］
［法王］はローマ法王を象徴していますが、霊的指導者の象徴と見なすと良いでしょう。あなたの尊敬する師として、象徴するカードを見立てましょう。例えば監修者にとって［法王］は、ポール・ソロモン師を示すカードとして扱っています。

［恋人たち］
［恋人たち］は、恋愛の守護符として使うと良いでしょう。恋愛占いをする時に、知恵の天使・大天使ラファエルを場に置いて、恋を導いてもらいましょう。恋愛成就のお守りとして持ち歩く場合は、布に包むなど、カードが傷まないように工夫しましょう。

［節制］
［節制］のカードに描かれている天使は、大天使ミカエルと言われています。大天使ミカエルは、悪魔に戦いを挑んだ、天使たちのリーダー。邪悪なものを寄せ付けたくない時に使うと良いでしょう。タロット占いの守護符として使うこともできます。

> 第Ⅶ章　楽しく実践レベルがアップする究極の占い10

Check①
おまじないとして使う場合、寝る前に7日間または40日間、毎日願いが叶うように、カードにお祈りしましょう。

Check②
護符としていつも身に付けて持つ場合は、守護と導きをお願いしましょう。占いをする時の守護符としても使えます。

エネルギーを高めるアファメーション

アファメーションとは、肯定的な宣言のことです。

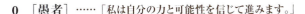

0	［愚者］	……「私は自分の力と可能性を信じて進みます。」
1	［魔術師］	…「私は創造します。私は自分の望むものをこの世界に創造します。」
2	［女司祭長］	「私はインスピレーションを受け取り、学ぶことで自己を高めます。」
3	［女帝］	……「私は女性であることに誇りを持ち、人生の豊かさを楽しみます。」
4	［皇帝］	……「私は自己の力で、大きな仕事を成し遂げることができます。」
5	［法王］	……「私は信じることで、運勢を高め、自分を信じ、人を信じます。」
6	［恋人たち］	「私は新たな可能性を引き寄せ、恋を楽しみ、人生を豊かにします。」
7	［戦車］	……「私は戦いに勝ちます。前進することで人生を拡大させます。」
8	［力］	………「私は恐れや困難を克服する自分の力を信じています。」
9	［隠者］	……「私は自分の信じる道を追求し、継続することができます。」
10	［運命の輪］	「私は、最もよいタイミングで来るチャンスを、必ずモノにします。」
11	［正義］	……「私は物事のバランスと調和を大切にし、自分の意志を貫きます。」
12	［吊られた男］	「私は今の試練を乗り越え、その経験から学ぶことができます。」
13	［死神］	……「私は今、自分を止めるものを捨て、生まれ変わり、進化します。」
14	［節制］	……「私は守られています。物事は順調に、良い方向に導かれています。」
15	［悪魔］	……「私は自分の欲しいものを手に入れる力を持っています。」
16	［塔］	………「私は信念や執着を捨てることで、真実と自由を得ます。」
17	［星］	………「私は夢を持つことで自己を高め、夢を叶える才能があります。」
18	［月］	………「私は不安を克服するために考え、最善の策と正しい道を見つけます。」
19	［太陽］	……「私は純粋な心で自己を解放し、自分の才能を自由に表現します。」
20	［審判］	……「私は智恵と経験を持っています。私の決断は完全なものです。」
21	［世界］	……「私は、生きるために必要な才能を全て備えている完全な存在です。」

ワンモア アドバイス　アファメーションは、あなたの持つカードのイメージで、自分自身の言葉で作るのが一番効果的です。繰り返すことで潜在意識に力を与えます。

心を癒すアートセラピーのすすめ

　タロット占いは、並べられたカードの絵に物語をつけていく作業。質問に沿って物語を作ると、人生のヒントが得られるのです。そう、人生はあなたの意志で創造するもの。悩みの解決方法はその人自身の中にある。たとえ望まない未来が占いに現れていたとしても、それを見た時点で未来を変えればいい。人生はあなたの選択によって決まり、その選択の可能性は無限に広がっているのです。

　本書では占いのほかに、タロットカードを使って自分の中にある潜在力を引き出す方法として、アートセラピーをお勧めしています。アートとして自分自身を表現すること、それを見ることは、感情を解放し悩みを克服する助けとなるでしょう。また、『人間関係を占う 癒しのタロット 解決へ導くカウンセリング術』という著書でも、人関関係の悩みを紐解くアートセラピーを紹介しています。タロットカードは、人生の気づきをもたらすツール。これからも多くの人に、タロットカードの魅力をお伝えできればと思っています。

アートセラピーの作品

オリジナルタロットのミニシートによるアートセラピー

★吉田ルナが主宰するスクールでは、オリジナルカード「ラブアンドライトタロット」を使用した占い講座やアートセラピーなどを開催しています。→ http://loveandlight21.jp

＊監修者　吉田 ルナ　からのメッセージ＊

　私が占い師になったのは、一人で悩んでいる人の力になりたいという思いからでした。幼少の頃、神秘的なタロットカードと出会い、一目で魅了されて、すぐにそれを使いたくなり、13歳でタロット占いを始めました。

　本書で紹介する技法は、ポール・ソロモン師の残したILC（インナーライトコンシャスネス＝内光意識）のワークや、ゼブ・ベン・シモン・ハレヴィ師のカバラの技術や知識を参考に、魂の学校フィリングの松本ひろみ先生のアドバイスをいただき、まとめたものです。先生方は、私たち一人一人が特別な存在で、神性を携えた聖なる存在であることを私に教えてくださいました。それを、あなたにお伝えしたいと思っています。

　また、私は占いをする中で、タロットは占いの導きだけでなく、カードの絵が人の心を癒すことに気がつきました。そこで、私はタロットの持つアートセラピーの効果を有効に引き出すさまざまな手法を考案しました。そして、タロット占いだけでなく、アートセラピーとしても使えるオリジナルカード「ラブアンドライトタロット」（絵・片岡れいこ）を完成させました。「ラブアンドライトタロット」は、人類愛と世界平和をテーマにしています。愛はさまざまな壁を超えて世界を一つにします。歴史、文化、人種、宗教、言語を超えて、人と人が愛と知恵で繋がり、世界中に希望の光がもたらされますように、願いを込めました。

　私は占い師として、タロットカードと共に愛と癒しを伝えていきたいと思います。

愛と光と共に、Luna Yoshida

★「ラブアンドライトタロット」は、『4大デッキで紐解くタロットリーディング事典 78枚のカードのすべてがわかる』でも使用しており、インターネットの「アートショップニコラ」などで購入できます。→ http://a-nicola.shop-pro.jp

吉田ルナの鑑定風景

スタッフ

- ●監修 ……… 吉田 ルナ
- ●企画・編集… 小橋 昭彦
  　　　　　　片岡 れいこ
- ●デザイン・撮影… 片岡 れいこ
- ●イラスト………… 稲垣 麻里
- ●アシスタント…… 板垣 弘子

ライダー・ウェイト版タロットは、U.S. Games Systems社の許可を得て掲載しました。
Illustrations from the Rider-Waite Tarot Deck® reproduced by permission of U.S. Games Systems, Inc., Stamford, CT 06902 USA. Copyright ©1971 by U.S. Games Systems, Inc. Further reproduction prohibited. The Rider-Waite Tarot Deck® is a registered trademark of U.S. Games Systems, Inc.

もっと本格的に人を占う！究極のタロット 新版

2019年11月 5日　第1版・第1刷発行

監修者　吉田 ルナ（よしだ るな）
発行者　メイツ出版株式会社
　　　　代表者　三渡 治
　　　　〒102-0093　東京都千代田区平河町一丁目1-8
　　　　TEL　03-5276-3050(編集・営業)
　　　　TEL　03-5276-3052(注文専用)
　　　　FAX　03-5276-3105
印　刷　シナノ印刷株式会社

●本書の一部、あるいは全部を無断でコピーすることは、法律で認められた場合を除き、著作権の侵害となりますので禁止します。
●定価はカバーに表示してあります。

©片岡れいこ,2011,2019.ISBN978-4-7804-2257-3 C2011 Printed in Japan.
ご意見・ご感想はホームページから承っております
メイツ出版ホームページアドレス　http://www.mates-publishing.co.jp/
編集長：折居かおる　副編集長：堀明研斗　企画担当：大羽孝志／清岡香奈
※本書は2011年発行の『もっと本格的に人を占う！究極のタロット』の新版です。

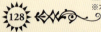